HECEAS | AKTUELLE DEBATTE | Band 02

Hg. vom Heidelberger Centrum
für Euro-Asiatische Studien e.V.

Reichert Verlag Wiesbaden 2005

Johannes Grundmann

Islamische Internationalisten

Strukturen und Aktivitäten der Muslimbruderschaft
und der Islamischen Weltliga

Reichert Verlag Wiesbaden 2005

Bibliografische Information Der Deutschen Bibliothek
Die Deutsche Bibliothek verzeichnet diese Publikation in der Deutschen
Nationalbibliografie; detaillierte bibliografische Daten sind im Internet über
http://dnb.ddb.de abrufbar.

© 2005 Dr. Ludwig Reichert Verlag Wiesbaden
Umschlaggestaltung und Illustration:
Anne Sommer-Meyer und Michel Meyer, Weinheim
ISBN: 3-89500-447-2
www.reichert-verlag.de
www.heceas.org

Inhalt

1. Einleitung

Seit dem 11. September 2001 stehen vor allem terroristische Netzwerke wie *Al-Qaʿida* im Mittelpunkt des öffentlichen Interesses. Gleichzeitig wird aber nach und nach erkennbar, dass eine Vielzahl von islamischen Organisationen öffentliche Aktivitäten auf internationaler Ebene mit informellen Kontakten zu Extremisten und deren Unterstützung verbindet, was zunehmend schärfer kritisiert wird. In diesem Zusammenhang fällt immer wieder der Name der Muslimbruderschaft (arab. *jamaʿat al-ikhwan al-muslimin*) und der Islamischen Weltliga (arab. *rabitat al-ʿalam al-islami*).

Beide Organisationen stehen für Netzwerke, die eine Fülle von Aktivitäten kombinieren, so dass der Betrachter leicht in die Irre geführt wird. Aktivitäten in der Diaspora, humanitäre Arbeit in Krisengebieten und eigene bzw. affiliierte Unternehmen und Banken werden zusammengeführt, um politischen und kulturellen Einfluss aufzubauen und zu festigen. In Staaten, deren politische und wirtschaftliche Strukturen angeschlagen sind, findet man sich ebenso zurecht wie in Europa und Nordamerika. Einzelne Moscheen und Kulturzentren können genauso als Knotenpunkte in diesen Netzwerken dienen wie international operierende Finanzinstitutionen. Beide Organisationen können zudem auf ein beträchtliches Sympathisantenumfeld zurückgreifen; auch kann man auf die Unterstützung verschiedener Staaten des Nahen Ostens bauen oder ist sogar direkt mit den politischen, wirtschaftlichen und religiösen Eliten dieser Staaten verbunden.

Der Gedanke, Wegbereiter einer supranationalen islamischen Identität zu sein, gibt zwar für die Aktivitäten der Muslimbruderschaft, der Islamischen Weltliga und anderer Gruppierungen grundsätzlich eine gemeinsame Perspektive vor, er kann aber natürlich nicht verhindern, dass gerade im Diaspora-Kontext islamische und islamistische Organisationen diese Perspektive inhaltlich sehr unterschiedlich füllen und in der Praxis oftmals in Konkurrenz zueinander arbeiten. Hinzu kommt, dass Staaten, die internationale islamische und islamistische Aktivitäten unterstützen, damit häufig auch konkrete politische Ziele verfolgen. Gleichzeitig können gerade islamistische Gruppierungen als Druckmittel der Gastländer gegenüber ihren Herkunftsländern eingesetzt werden.

Die derzeitige Kritik, der sich die geschaffenen Strukturen ausgesetzt sehen, erschwert es jedenfalls, diese in der bisherigen Form fortzusetzen. Gleichzeitig weiß man um ihre strategischen Vorteile und wird auch weiterhin versuchen, humanitäre Hilfe mit Kontakten zu Extremisten und eine legale Beteiligung am politischen und gesellschaftlichen Leben mit informellen Parallelstrukturen zu kombinieren.

Die Muslimbruderschaft ist in den Schlagzeilen arabischer und auch westlicher Medien derzeit so präsent wie selten zuvor. Ihr seit 2004 amtierender Oberster Führer (arab. *al-murshid al-'amm*) Muhammad Mahdi Akif unterstützt öffentlich den gewaltsamen Widerstand im Irak, die Selbstmordattentate der Hamas und anderer palästinensischer Gruppen und spricht dem jüdischen Volk jegliches Existenzrecht zwischen Mittelmeer und Jordan ab. Zudem zeigt er sich mit Blick auf den Westen zuversichtlich, dass eine Islamisierung Europas und der USA nur eine Frage der Zeit sei. Gleichzeitig versetzt der Führer einer weltweit aktiven Organisation das heimische Fernsehpublikum in Ägypten mit der Aussage in Erstaunen, dass er eine Person namens Bill Gates nicht kenne und selbst nicht mit einem Computer arbeite.

Die Muslimbruderschaft genießt aber auch im Kontext konkreter politischer Entwicklungen derzeit große Aufmerksamkeit: Im Vorfeld der Präsidentschaftswahlen in Ägypten im Herbst 2005 tritt sie als zentrale Oppositionskraft auf. In Syrien, wo die Muslimbrüder offiziell verboten sind, werden ihre Mitglieder immer häufiger aus dem Gefängnis entlassen. Derzeit denkt der Staat darüber nach, die Mitgliedschaft in der Muslimbruderschaft auch formal nicht mehr unter die Todesstrafe zu stellen. Zudem gibt es zahlreiche Informationen zu informellen Kontakten zwischen westlichen Diplomaten und der Muslimbruderschaft, die man als wichtige Oppositionsgruppe in verschiedenen arabischen Ländern nicht ignorieren will.

Doch welche Strukturen verbergen sich hinter der Muslimbruderschaft und was macht den Umgang mit ihr so schwierig? Die Muslimbruderschaft, 1928 in Ägypten gegründet, ist die größte islamistische Organisation des sunnitischen Islams und hat die schrittweise Errichtung eines weltweiten islamischen Staates auf der Basis der Scharia zum Ziel. Ihr Gründer war der 1906 geborene Grundschullehrer Hassan al-Banna, der bereits vorher in verschiedenen Wohlfahrtsorganisationen aktiv gewesen war und dessen Sendschreiben immer noch einen (wenn nicht sogar *den*) Grundstein der Ideologie der Bruderschaft darstellen. 1946 gab al-Banna seinen Beruf auf, um sich vollständig der Muslimbruderschaft widmen zu können. Nur ein Jahr nachdem der damalige ägyptische Ministerpräsident Mahmud Fahmi al-Niqrashi die Auflösung der Organisation verfügt hatte, wurde al-Banna auf offener Straße von mehreren Schüssen getroffen und starb wenig später im Krankenhaus.

Auch wenn die ägyptische Mutterorganisation nach wie vor eine besondere Stellung innehat, ist die Muslimbruderschaft derzeit in über 70 Ländern präsent, sei es in Form von nationalen Verbänden, sei es über eine ihrer zahlreichen Unter- und Zweigorganisationen. In der islamischen Welt ist man in den Bereichen Politik, Religion, Wirtschaft, Kultur und Bildung mit dem Ziel aktiv, eine „Gesellschaft von Muslimen" in eine „islamische Gesellschaft" zu verwandeln, wobei durchaus in Zeiträumen von vielen Generationen gedacht wird, um dieses Ziel zu erreichen. Dabei trifft man auf sehr unterschiedliche Rahmenbedingungen. Während man in Ägypten ohne offizielle Zulassung nur in begrenztem Maße aktiv sein darf, ist die Organisation im jordanischen Parlament sogar über eine eigene Partei präsent. In einigen Staaten der arabischen Welt gilt aber nach wie vor ein Verbot der Bruderschaft, so z. B. in Tunesien oder in Syrien.

Doch je präsenter die Muslimbruderschaft in den Schlagzeilen ist, umso deutlicher wird letztendlich, wie schwierig es ist, ein kohärentes Gesamtbild der Organisation zu entwerfen. Dies hängt v. a. mit der Informationspolitik der Muslimbruderschaft selbst zusammen. Bis auf eine kleine Gruppe von Führungskräften, die öffentlich als Muslimbrüder auftreten und zum Teil über eine nicht zu unterschätzende Popularität in der Bevölkerung verfügen, schweigt die große Mehrheit über ihre Mitgliedschaft. Zahlreiche Ambivalenzen werden bewusst gestreut oder zumindest nicht beseitigt. So hat sich aus der Muslimbruderschaft heraus eine Vielzahl islamistischer Gruppen entwickelt. Doch oft bleibt unklar, ob es sich um tatsächliche Abspaltungen handelt oder ob weiterhin direkte organisatorische Verbindungen bestehen. Ebenso schweigt man sich über Kontakte zu extremistischen oder gar terroristisch aktiven Gruppierungen aus und profitiert lieber von der den Muslimbrüdern oft etwas voreilig zugestandenen Ablehnung politischer Gewalt.

Den Kontakt zu nichtislamistischen Medien lehnt man keineswegs ab, vielmehr nutzt man diese sehr geschickt, um beispielsweise Gerüchte über innere Differenzen und Spaltungen zurückzuweisen und die eigenen Ziele zu fördern. So werden Gerüchte und Informationen gestreut, die erkennbare organisatorische Strukturen wieder verwischen sollen. Mehrfach wurden vor diesem Hintergrund in der ägyptischen Presse führenden Mitgliedern Funktionen und Ämter zugeordnet, die in Wirklichkeit durch andere Personen oder gar nicht besetzt waren. Es erstaunt daher kaum, dass es derzeit sehr verschiedene Analysen zu Zustand und Zukunft der Muslimbruderschaft gibt. Während manche Beobachter einen grundsätzlichen Trend zur Konfrontation mit dem Staat sehen, sprechen andere von der Politikfähigkeit der Muslimbrüder und von der Möglichkeit, sie in das politische und gesellschaftliche Leben integrieren zu können.

Besondere Aufmerksamkeit erfährt momentan die Internationale Organisation der Muslimbruderschaft (im folgenden mit IO abgekürzt), sie steht unter speziellem Beobachtungs- und z. T. auch Fahndungsdruck. Obwohl man sich erst 2004 öffentlich und eindeutig zur Existenz dieser Organisation bekannte, war ihre Existenz schon seit vielen Jahren bekannt und führende Muslimbrüder hatten die Existenz internationaler Strukturen schon vor 2004 eingestanden, die Bezeichnung ‚Organisation' hatte man aber stets vermieden. Inhaltliche Informationen, die ihren Aufbau und ihre Strukturen erhellen könnten, hält man allerdings weiterhin bestmöglich zurück. Die Einschätzungen der Funktion der IO und ihres tatsächlichen Gewichts gehen vor diesem Hintergrund weit auseinander. Manche sehen sie als gut durchdachten und strukturierten Apparat, über den die Muslimbrüder jenseits der Öffentlichkeit an der Realisierung ihres Hauptzieles arbeiten, der Gründung eines weltweiten islamischen Staates. Andere halten den tatsächlichen Einfluss der IO für überbewertet: Zwar werde gerne über eine international aktive Geheimorganisation spekuliert, doch in der Realität handle es sich eher um recht lose Kontakte, der jeweilige nationalstaatliche Rahmen sei sehr viel entscheidender für die tatsächlichen Aktivitäten der Muslimbruderschaft. Mit Blick auf den derzeitigen Kampf gegen den Terrorismus, der weltweite islamistische Aktivitäten zu unterbinden sucht, ist sogar über das bevorstehende Ende der IO zu lesen. Andere Stimmen gehen hingegen eher von einer Beibehaltung oder sogar einem Ausbau der gegenwärtigen Strukturen aus, allerdings unter noch größerer Geheimhaltung als dies bisher der Fall war.

Dass sich die internationalen Aktivitäten der Muslimbrüder seit 2001 neuen Rahmenbedingungen anpassen müssen, steht in jedem Falle außer Frage. Dies gilt auch für die äußerst wichtigen Beziehungen zu Saudi-Arabien. So bezeichnete der saudische Innenminister die Muslimbruderschaft seit 2002 mehrfach als Wurzel von Extremismus und politischer Gewalt in der arabischen Welt. Dies erstaunt, da Saudi-Arabien, nachdem man viele vor der Verfolgung durch Nasser in den fünfziger und sechziger Jahren fliehende Muslimbrüder aufgenommen hatte, jahrzehntelang ihre internationale Arbeit v. a. finanziell unterstützt hat. Es ist aber legitim zu fragen, ob diese Äußerungen nicht in erster Linie dadurch zu erklären sind, dass man angesichts der internationalen Kritik an den weltweiten Aktivitäten der saudischen Monarchie öffentlich die Verantwortung für eine Politik loswerden möchte, deren fatale Folgen nun auch im eigenen Land sichtbar werden.

Inwieweit sich diese öffentliche Distanzierung tatsächlich auf Kontakte und Verbindungen zwischen den Saudis und der Muslimbruderschaft auswirkt, wird noch zu klären sein.

Die 1962 auf Betreiben Saudi-Arabiens in Mekka gegründete Islamische Weltliga hat derzeit mit ähnlichen Problemen zu kämpfen wie die Muslimbruderschaft, auch wenn dies in den Medien nicht ganz so stark thematisiert wird. Die Islamische Weltliga betreibt weltweit eigene Büros, Kulturzentren und Bildungs- und Gesundheitseinrichtungen, wobei diese oftmals durch eine ihrer zahlreichen Unter- und Zweigorganisationen getragen werden. Ziel ist es, weltweit Muslime auf das rigorose saudische Islamverständnis festzulegen bzw. Andersgläubige für einen Islam dieser Prägung zu gewinnen. Durch die saudische Regierung bzw. das saudische Königshaus verfügt die Weltliga über enorme finanzielle Mittel. Organisationen der Weltliga haben nachweisbar Kontakte zu extremistischen Gruppierungen unterhalten, Gelder an terroristische Organisationen weitergeleitet und im Rahmen ihrer weltweiten Präsenz humanitäre Hilfe für politische Einflussnahme und Indoktrination genutzt. Ebenso ist deutlich erkennbar, dass ihre Aktivitäten in der Diaspora stets darauf ausgerichtet sind, die umfassende Integration muslimischer Minderheiten in die Mehrheitsgesellschaft zu verhindern. Vielmehr versucht man, Parallelgesellschaften gemäß dem eigenen erzkonservativen Islamverständnis zu schaffen.

Zwischen der Weltliga und der Muslimbruderschaft bestehen zahlreiche Verbindungen: Viele Muslimbrüder arbeiten für die Weltliga bzw. in ihrem Umfeld und stets ist man bereit gewesen, zweifellos bestehende religiöse Differenzen zwischen den saudischen Wahhabiten und den Muslimbrüdern aus pragmatischen Gründen zu übersehen, gemeinsame Feindbilder wie „der Westen", „die Juden", „die Zionisten" und „die Freimaurer" reichten in Kombination mit den praktischen Vorteilen einer Zusammenarbeit meist aus, um ideologische Konflikte in den Hintergrund treten zu lassen. Trotzdem halten manche Beobachter die Muslimbrüder für grundsätzlich offener gegenüber Demokratie, Pluralismus und

Menschenrechten als sie dies für die saudische Monarchie annehmen. Während die zweite Aussage zweifellos zutrifft, sollten solche Annahmen bezogen auf die Muslimbruderschaft mit großer Skepsis betrachtet werden.

Zur Geschichte der Muslimbruderschaft und (wenn auch in geringerem Maße) zur Islamischen Weltliga liegt bereits umfassende Literatur vor, insbesondere die Grundlagenschriften der Muslimbruderschaft sind äußerst detailliert analysiert worden, sowohl in der islamischen Welt als auch in Europa und Nordamerika. Vor diesem Hintergrund sollen in diesem Buch vor allem Strukturen im Mittelpunkt stehen, die zwar derzeit ein großes öffentliches Interesse erfahren, gleichzeitig aber in den Medien und der wissenschaftlichen Literatur bislang nur in Ansätzen behandelt wurden. Historische Hintergrundinformationen werden aus Platzgründen nur dann gegeben, wenn sie für das Verständnis gegenwärtiger Entwicklungen unerlässlich sind.

Zu einem großen Teil basiert dieses Buch auf arabischem Quellenmaterial. Gerade in Ländern der arabischen Welt, in denen Teile des islamistischen Spektrums in das öffentliche Leben integriert sind, wie beispielsweise in Jordanien, lässt sich in Buchhandlungen und Bibliotheken oftmals relevantes Material finden, das noch nicht ausgewertet worden ist. Gleichzeitig bieten verschiedene arabische Medien zahlreiche Informationen zu den hier behandelten Gruppierungen und Organisationen, die anderweitig kaum zugänglich sind. Dies reicht von Meldungen in Tageszeitungen über Websites hin zu Diskussionsrunden, Interviews und Reportagen auf den mittlerweile zahlreichen Satellitenkanälen. Gleichzeitig gibt es aber auch einige vor allem englisch- und französischsprachige Informationsquellen und Untersuchungen, denen dieses Buch wichtige inhaltliche Anregungen verdankt und über die der Literaturanhang am Ende des Bandes eine Übersicht gibt. Zudem konnte der Autor eigene Feldforschungsergebnisse zur Organisation und zu den Strukturen islamistischer Gruppierungen einbringen.

Die öffentliche Diskussion zum Themenbereich Islam, Islamismus und religiös basierter Extremismus wird aufgrund der schrecklichen Terroranschläge im Nahen Osten und in Europa häufig emotional geführt. Während ein Teil der Debattenbeiträge, Studien und Kommentare durch eine manchmal schon fast entschuldigend klingende Kontextualisierung das Phänomen des islamistischen Extremismus zu einem unspezifischen Produkt der aktuellen politischen und wirtschaftlichen Weltlage macht, dämonisieren es andere als irrationalen Ausbruch des absolut Bösen. Im vorliegenden Buch geht es weniger um die Einbettung des Phänomens des Islamismus in den entsprechenden historischen Kontext, sondern um eine möglichst unverzerrte, auf empirisch gewonnenen Fakten beruhende Darstellung von zwei zentralen, international aktiven islamischen Organisationen. Allein auf der Grundlage einer solchen Beschreibung können die äußerst komplexen Zusammenhänge, die islamistische Aktivitäten auf lokaler, regionaler und internationaler Ebene charakterisieren, genau ausgemacht und in ihren zahlreichen Querverbindungen adäquat dargestellt werden. Als nächster Schritt, den das vorliegende Bändchen aber nicht leisten kann und will, wäre die Entwicklung adäquater politischer Konzepte des Umgangs mit den großen islamistischen Organisationen vonnöten. Dies ist besonders wichtig in Zeiten, in denen Teile des islamistischen Spektrums als mögliche Gesprächspartner auch für westliche Regierungen angedacht werden.

2. Die Muslimbruderschaft

2.1 Grundlagen, Strategien und interne Strukturen

Für die Muslimbrüder – wie für das islamistische Spektrum insgesamt – ist der Islam ein alle Bereiche des privaten und des öffentlichen Lebens umfassendes und bestimmendes System. Die Frage nach einer möglichen Trennung von Politik und Religion erübrigt sich vor diesem Hintergrund. Angesichts eines politischen und sozialen Zustands, der als zutiefst unbefriedigend empfunden wurde, stellte der Gründer der Bruderschaft Hassan al-Banna bereits vor über 75 Jahren fest, dass die vorhandenen Probleme letztendlich von einer völlig unzulänglichen Ausübung des Islams verursacht würden. An dieser Perspektive hat sich bis heute grundsätzlich nichts geändert. Die Muslimbruderschaft sah und sieht daher ihren Auftrag darin, dem eigenen Islamverständnis weltweit Geltung zu verschaffen. Sie ist damit *per se* eine international agierende Organisation, die seit den siebziger Jahren einen Prozess, der von Islamisten oft als „islamische Bewusstwerdung" oder „islamisches Erwachen" bezeichnet wird, konsequent zu nutzen versucht und sich in dessen Rahmen als eine Vorhut sieht, die sich der *Da'wa*-Arbeit verschrieben hat. *Da'wa* bezeichnet grundsätzlich alle Anstrengungen, die entweder der weiteren Ausbreitung des Islams oder der inneren Stärkung der Gemeinschaft der Gläubigen dienen, wobei die in diesem Bereich aktiven Gruppierungen das jeweils eigene Islamverständnis als das einzig wahre propagieren. In der Praxis der letzten Jahrzehnte bedeutete *Da'wa*-Arbeit für die Muslimbruderschaft meist, dass die existierende politische Ordnung als unislamisch abgelehnt wurde und dass man sich auf den verschiedensten Ebenen für eine „wahrhaft islamische Ordnung" einsetzte. Neuerungen in den Bereichen Politik, Kultur und Bildung wurden als Bedrohung wahrgenommen.

Vor diesem Hintergrund diente und dient der Westen – aus Sicht der Muslimbrüder irgendwo zwischen christlichem Erzrivalen und Laizismus angesiedelt – vor allem als Feindbild, wobei man aus pragmatischen Gründen durchaus bereit ist, bestimmte Errungenschaften, insbesondere im naturwissenschaftlich-technischen Bereich, zu übernehmen.

Die skizzierten Grundlinien der Arbeit der Muslimbruderschaft basieren auf den Schriften Hassan al-Bannas. Nur selten sind die ideologischen Grundlagen islamistischer Gruppierungen so genau dokumentierbar wie im Falle der Muslimbruderschaft. Alle zentralen Programmpunkte lassen sich in den Briefen al-Bannas finden. In ihnen geht er auf religiöse, politische, wirtschaftliche, organisatorische und verschiedene andere Fragen ein, wobei deren Inhalte, obwohl meist anlässlich bestimmter Ereignisse und Entwicklungen in der Frühzeit der Muslimbruderschaft formuliert, für die Mitglieder bis heute von großer Bedeutung sind. Dort findet man auch seine zentralen Aussagen zum Islam als einem allumfassenden System, das Religion und Staat untrennbar miteinander verbindet, sowie alle Belange des Diesseits und des Jenseits umfassend und endgültig regelt. Der Islam der Muslimbrüder versteht sich als ein Islam, der konsequent zu seinen Wurzeln in Koran und Sunna zurückkehrt. Die Muslimbruderschaft selbst ist gemäß ihrem Gründer eine politische Organisation, die die Veränderung des politischen Systems „von innen" anstrebt und grundsätzlich andere Beziehungen zu nicht-islamischen Staaten durchsetzen will. Gleichzeitig soll die Bevölkerung über Erziehungsarbeit wieder bestimmten Grundwerten verpflichtet werden. Ebenso versteht man sich als Sportvereinigung, denn „der starke Gläubige ist besser als der schwache Gläubige". Zudem sah ihr Gründer die Bruderschaft als kulturelle und wissenschaftliche Organisation sowie als Wirtschaftsunternehmen.

Die Grundregeln al-Bannas enthalten darüber hinaus konkrete Verbote. Diese betreffen den Gebrauch von Amuletten, den Glauben an Zauber und Magie, Geomantie u. ä. Letztendlich wird alles, was nicht durch Koran und Prophetenüberlieferungen gedeckt ist, als unzulässig erklärt. Der Anklage des Unglaubens gegen einen Muslim (arab. *takfir*) setzte al-Banna enge Grenzen, eine gesamte Gesellschaft zu Ungläubigen zu erklären, wie dies Extremisten späterer Jahrzehnte tun sollten, ist auf dieser Grundlage nicht möglich.

Wie gesagt dienen die Schriften al-Bannas den Muslimbrüdern bis heute als geistige Grundlage, wobei man stets ihren verpflichtenden Charakter betont. Auch in den Schriften islamistischer Vordenker der Gegenwart wie Yussuf al-Qaradawi oder Faisal Mawlawi, die der Muslimbruderschaft nahe stehen bzw. ihr angehören, spielen sie ein wichtige Rolle.

Die Strategien der Muslimbrüder unterscheiden sich von denen radikalislamistischer Gruppen, da der gewaltsame Umsturz bestehender Regime abgelehnt wird, wobei auf das Verhältnis der Organisation zur Anwendung politischer Gewalt im Folgenden noch genauer eingegangen werden muss. Das Fernziel der Gründung eines weltweiten islamischen Staates soll durch einen schrittweisen Umbau von Gesellschaft und Staat erreicht werden. Daher muss zunächst der Einzelne wieder zum „wahren Muslim" werden, so dass nach und nach islamische Familien im Sinne der Muslimbruderschaft entstehen, die dann ihrerseits „wahrhaft" islamische Gesellschaften und in der Folge ebensolche Einzelstaaten schaffen. Diese Staaten, in ihren Grenzen zunächst noch an den nationalstaatlichen Rahmen gebunden, werden schließlich in einem weltweiten Kalifat aufgehen. Auch wenn nicht alle Vordenker der Muslimbruderschaft diese Anordnung der zu absolvierenden Etappen vollständig teilten, spiegelt dies die Perspektive des *mainstreams* der Bewegung durchaus wider.

Vor diesem Hintergrund erklärt sich, warum gerade der Bildungs- und Erziehungsarbeit oberste Priorität eingeräumt wird. Neben politischen Fragen (z. B. nach der Zulässigkeit von Regierungsbeteiligungen oder der Positionierung zum Nahostkonflikt) dominieren Bildung und Erziehung die Theorie und Praxis der Arbeit der Bruderschaft, wobei im praktischen Bereich auch der Gesundheitssektor von zentraler Bedeutung ist. Unkoordinierte Einzelaktionen werden grundsätzlich abgelehnt, vielmehr strebt man eine durchdachte Mobilisierung breiter Bevölkerungsteile an. Diese soll durch konkrete Projektarbeit, beispielsweise im Bildungs- und Gesundheitsbereich, erreicht werden, öffentliche

Vorträge, Lesungen oder Seminare genießen geringere Priorität. Das Prinzip der *shura* (arab. für Beratung, Rat) wird zum zentralen Prinzip staatlicher und gesellschaftlicher Strukturen erklärt. Dieses Prinzip wird von Beobachtern oft zu Unrecht mit einem demokratischen System gleichgesetzt, denn das Bekenntnis zum politischen Pluralismus endet meist mit der Aussage, dass Parteien zwar zulässig seien, aber nur solange sie der göttlichen Ordnung nicht widersprächen. Sayyid Qutb, ein weiterer Vordenker der Muslimbruderschaft, dessen Ideen zum zentralen Bezugspunkt radikalislamistischer Gruppen wurden, sah seine Idealvorstellungen ohnehin eher in einer „sauberen und gerechten Diktatur" verwirklicht.

In der Praxis der Muslimbruderschaft wird *shura* – wie noch zu sehen sein wird – zumeist als Worthülse gebraucht. Allgemein lässt sich sagen, dass ihre Konzepte und Vorschläge in den Bereichen Politik, Wirtschaft und Bildung meist aus nicht mehr als allgemeinen Leitlinien oder Statements bestehen, die oftmals jeglichen Realitätssinns entbehren, so zum Beispiel im Falle der ständig wiederholten Forderung nach dem umfassenden Aufbau einer gesamtislamischen Rüstungsindustrie.

Im politischen Alltag wird ohnehin alles Handeln dem Ziel untergeordnet, die eigene Organisation zu erhalten und zu stärken. Angesichts der unterschiedlichen Rahmenbedingungen, die die Aktivitäten der Muslimbruderschaft bestimmen (von der Diaspora-Situation im Westen, über die Parlamentspräsenz in Jordanien hin zum vollständigen Verbot in Syrien), haben sich bestimmte Grundstrukturen entwickelt, die vor allem eine Abschottung der Organisation nach außen zum Ziel haben und grundsätzlich auch für die Frauenorganisation der Bruderschaft, die Muslimschwestern (arab. *al-akhawat al-muslimat*), gelten. Durch einen Schwur wird das Neumitglied verpflichtet, sich ganz in den Dienst der Organisation und der Umsetzung ihrer Ziele zu stellen. Gleichzeitig ist es den Mitgliedern nicht erlaubt, sich öffentlich zur Bruderschaft zu bekennen, was natürlich in den Staaten, in denen man in der einen oder anderen Form am gesellschaftlichen und politischen Leben teilnehmen kann, an Grenzen stößt, so dass eine konsequente Befolgung dieser Regel aus pragmatischen Gründen aufgegeben wurde. Mit der Aufnahme in die Bruderschaft verpflichtet man sich, die strengen internen Hierarchien zu befolgen. Arbeitszirkel kennzeichnen die Organisation der verschiedenen lokalen und regionalen Ebenen und gewährleisten gleichzeitig ein hohes Maß an interner Kontrolle und an Undurchschaubarkeit der Strukturen für die Außenwelt. Formelle und informelle Strukturen werden kombiniert, zentrale Aufgaben und Funktionen auf möglichst viele Unter- und Zweigorganisationen verteilt. So entstehen Netzwerke, die in vielfältiger Weise im Dienste der islamischen und der islamistischen Sache genutzt werden können. Mit Blick auf ihre Führungsebene behauptet die Muslimbruderschaft, auf die „körperlich und geistig Besten" zurückgreifen zu können.

Die einem solchen System zugrunde liegenden Überlegungen finden sich keineswegs nur in internen Schriftstücken, vielmehr sind sie durchaus in öffentlich zugänglichen Publikationen nachlesbar. So gab das *International Institute of Islamic Thought* (IIIT), ein mit der Muslimbruderschaft affiliierter Think-Tank, 1991 den *Training Guide for Islamic Workers* heraus, in der die angesprochenen Organisationsformen genau erläutert werden: Dem Prinzip der *discrete organizations* verpflichtet, wird empfohlen, die Arbeit im Dienste der Religion in möglichst kleine Einheiten zu zerlegen, da man sich so den jeweils herrschenden Rahmenbedingungen am besten anpassen könne. Vorhandene Zirkel sollten nie zu schnell erweitert werden, um die Kontrollierbarkeit der Mitglieder nicht zu gefährden. Werden inhaltliche Spezialisierungen notwendig, so müssten einzelne Komitees gebildet werden, die wiederum ihrerseits gegenüber dem Anführer der entsprechenden Organisationseinheit zu absoluter Loyalität verpflichtet seien. Zentrales Ziel ist es, in möglichst vielen gesellschaftlichen Bereichen eine „islamische Alternative" anzubieten und entsprechende Parallelstrukturen aufzubauen. Die Überlegenheit islamischen Denkens (gemäß den Muslimbrüdern) soll hierdurch praktisch belegt werden. Mit Blick auf die Auswahl neuer Mitglieder wird zunächst die Beobachtung geeigneter Kandidaten in den Moscheen empfohlen. Da der *Training Guide* sich vor allem mit dem Aufbau einer Führungsgruppe beschäftigt, wird eine bestimmte Grundfrömmigkeit des anvisierten Personenkreises vorausgesetzt. In Gesprächen müsse den Kandidaten vermittelt werden, wie notwendig es sei, das vorhandene religiöse Bewusstsein auch in eine konkrete Praxis umzusetzen. Gleichzeitig müsse sichergestellt werden, dass die Kandidaten die notwendigen intellektuellen Fähigkeiten mitbrächten, um die Perspektive einer international aktiven islamistischen Bewegung mit den Erfordernissen sich stets verändernder lokaler und regionaler Rahmenbedingungen in Einklang bringen zu können. Wenn möglich soll die Arbeit öffentlich stattfinden, doch letztendlich empfiehlt der *Training Guide*, sich den herrschenden Umständen gemäß zu verhalten, was eine Arbeit im Untergrund nicht ausschließt. Gleichzeitig wird aber davor gewarnt, sich auf eine Konfrontation einzulassen, „bevor man bereit ist". Doch langfristig ist man sich sicher: Wer die Probleme der Menschen löst, wird auch die politische Macht erringen.

Als Zusammenfassung und Beleg der beschriebenen Strategie verweist der *Training Guide for Islamic Workers* auf die Koransure ‚Die Beute', Vers 60: *Und rüstet gegen sie, was ihr an Kraft und an einsatzbereiten Pferden haben könnt, um damit den Feinden Gottes und euren Feinden Angst zu machen, sowie anderen außer ihnen, die ihr nicht kennt; Gott aber kennt sie. Und was ihr auf dem Weg Gottes spendet, wird Euch voll zurückerstattet, und euch wird nicht Unrecht getan.* Im Kontext der Sure, die im Zeichen der frühislamischen Schlachten von Badr und Uhud steht, ist der genannte Vers Teil des Aufrufs zum Kampf gegen die Polytheisten. In diesem Zusammenhang werden bestimmte Grundsätze einer religiös motivierten Kriegsführung formuliert. Muslime sind verpflichtet sich gegenseitig zu unterstützen, dies gilt auch gegenüber Muslimen, die in einem mehrheitlich nichtislamischen Gebiet leben. Gleichzeitig wird in der Sure über das Ziel eines solchen Kampfes nachgedacht. So sagt Vers 39: *Und kämpft gegen sie, bis es keine Verführung mehr gibt und bis die Religion gänzlich nur noch Gott gehört.*

Über die genauen internen Strukturen der Muslimbruder gibt es nur wenig umfassendes Informationsmaterial, wobei sich das vorhandene Material meist auf die ägyptische Mutterorganisation bezieht, die auch im Folgenden im Mittelpunkt stehen wird. Gleichzeitig lässt sich aber aus Aussagen von Aussteigern und Mitgliedern sowie aus wissenschaftlichen Untersuchungen ein Bild zusammensetzen, das bestimmte Linien und Zusammenhänge erkennen lässt, die auch für andere nationale Verbände der Muslimbruderschaft bzw. für die Gesamtorganisation aussagekräftig sind.

Die Muslimbruderschaft wird autoritär regiert, der Oberste Führer der Gesamtorganisation (arab. *al-murshid al-ʿamm*), der auch gleichzeitig dem ägyptischen Zweig vorsteht, ist *die* zentrale Figur der Bewegung. Ihn umgibt ein 19-köpfiges Gremium mit exekutiven Funktionen (arab. *maktab al-irshad*) und ebenso ein aus 80 Personen bestehender Rat (arab. *majlis al-shura*), der allerdings von 1995 bis 2002 kein einziges Mal zusammentrat, nachdem es im Zuge der Zusammenkünfte immer wieder zu Beobachtungen und Verhaftungen durch den Staatsapparat gekommen war. Es gibt zudem Aussagen, die Muslimbruderschaft werde ohnehin nur von einer Gruppe von maximal vier Leuten gelenkt, da selbst im *maktab al-irshad* nicht alle Mitglieder konkreten Einfluss auf die zentralen Entscheidungen nehmen könnten.

Dass solche Strukturen zu heftiger Kritik führen, ist kaum erstaunlich. Kommt diese Kritik von außen, beispielsweise von Journalisten, verweist man entweder auf die angebliche Unkenntnis dieser Leute oder wittert gar eine größere Verschwörung. Auf interne Kritik, deren Inhalt immer wieder an die Öffentlichkeit gelangt, reagiert man ähnlich: Solche Kritiker seien „Kommunisten" und „Ungläubige", die sich in die Reihen der Bruderschaft verirrt hätten.

Mit derartigen Diffamierungen werden auch Aussteiger gebrandmarkt, die bereit sind, interne Missstände publik zu machen. Obwohl versucht wird, ihnen die materielle Lebensgrundlage zu entziehen und sie moralisch und religiös zu diskreditieren, hat es solche Aussteiger immer wieder gegeben. Ihre Berichte sind höchst aufschlussreich: In Ägypten habe die Korruption innerhalb der Muslimbruderschaft ein Ausmaß erreicht, das sich mit der Korruption im Staatsapparat vergleichen lasse. Kontakte zu anderen Organisationen, wie z. B. zu den Berufsverbänden, würden genutzt, um die ohnehin schon weit verbreitete Vetternwirtschaft noch weiter auszudehnen. Beim Auftreten von Korruptionsfällen setze man zwar bisweilen Untersuchungskommissionen ein, allerdings verlaufe deren Arbeit meist im Sand. 80 % der Mitglieder hätten überhaupt keine konkrete Funktion, die meisten würden vor allem durch bestimmte finanzielle Hilfen in der Organisation gehalten. Die gegenseitige Denunzierung konkurrierender Gruppen und Flügel bei den Sicherheitsbehörden sei fast schon üblich. Außerdem sei durch Heiraten innerhalb der Bruderschaft ein Netzwerk gesellschaftlicher Verbindungen entstanden, das im Falle eines Ausstiegs jederzeit als äußerst effizientes Druckmittel benutzt werden könne.

Über interne Differenzen wird seitens der Muslimbruderschaft in der Öffentlichkeit also nicht gerne geredet. Aus strategischen Gründen hält man es für günstig, die Organisation nach außen so homogen wie möglich zu präsentieren. Doch zweifellos sind gerade auch inhaltliche Streitigkeiten vorhanden, zum einen zwischen gemäßigteren und radikaleren Elementen, zum anderen zwischen der alten und der jüngeren Generation. Letzteres trat besonders deutlich zu Tage, als jüngere Muslimbrüder in den neunziger Jahren in Ägypten die Partei der Mitte (arab. *hizb al-wasat*) gründen wollten. Man versprach sich hiervon eine größere Planungssicherheit mit Blick auf die eigene Teilnahme am politischen Leben, eine verbesserte öffentliche Wirkung und geregelte Kontakte zu Staat und Regierung. Doch die alte Generation war von dieser Idee überhaupt nicht begeistert. Einige der Parteigründer wurden ab 1996 aus der Bruderschaft ausgeschlossen, andere verließen sie freiwillig und wieder andere blieben und distanzierten sich von ihren eigenen Ideen. Es wurde deutlich, wie sehr die alte Garde, die die tatsächliche Macht innehatte, noch im Denken des geheimen bewaffneten

Arms der Bruderschaft, in der zweiten Hälfte der dreißiger Jahre entstanden und später durch Nasser zerschlagen, verhaftet war. Einige Beobachter gehen übrigens davon aus, dass eine solche Geheimorganisation seit vielen Jahren wieder existiere, diesmal aber nicht mit dem Ziel, Anschläge gegen politische Feinde auszuführen oder an Kriegen in der Region teilzunehmen, sondern um die Verlässlichkeit und Loyalität der Mitglieder zu kontrollieren. Manche Meldung über interne Streitigkeiten dürfte allerdings nicht mehr sein als ein bewusst gestreutes Gerücht, sei es durch den Staat, um das Umfeld der Bruderschaft zu beunruhigen, sei es durch die Bruderschaft selbst, um im Kräftemessen mit dem Staat aus taktischen Gründen Schwäche vorzutäuschen. Mit Blick auf den angesprochenen Generationenkonflikt ist derzeit erkennbar, dass jüngere, für eine Öffnung plädierende Muslimbrüder verstärkt Medien wie Satellitenkanäle oder das Internet benutzen, um den Artikulationsraum zu finden, den ihnen die eigene Organisation verwehrt.

Der skizzierte Überblick mag es unwahrscheinlich erscheinen lassen, dass es in den letzten Jahrzehnten innerhalb der Muslimbruderschaft irgendwelche umfassenderen Versuche gegeben hat, die vorherrschenden Strukturen zu verändern und für Reformen zu öffnen. Es gab aber durchaus Einzelpersonen und auch bestimmte Unter- und Zweigorganisationen, die dies auf nationaler und internationaler Ebene versucht haben. Darauf wird in den in den folgenden Kapiteln noch genauer eingegangen.

Sowohl Mitglieder der Bruderschaft als auch ein Teil der Beobachter behaupten, die Organisation sei seit der Auflösung ihres bewaffneten Arms unter Nasser nicht mehr direkt an gewalttätigen Aktionen beteiligt gewesen, weder in Ägypten noch auf internationaler Ebene. Solche Aussagen lassen sich leicht widerlegen. In Syrien kam es in den siebziger Jahren und Anfang der achtziger Jahre immer wieder zu bewaffneten Auseinandersetzungen mit dem Staat. Die Hamas, ein direkter Ableger der palästinensischen Muslimbruderschaft, ist durch ihre Gewaltaktionen seit Jahren weltweit in den Medien präsent, ihr Verständnis des islamischen Widerstandes lässt sich direkt auf die ideologischen Grundlagen der Muslimbrüder zurückführen. Als der sunnitische Rechtsgelehrte Yussuf al-Qaradawi, ein ehemaliges Mitglied der Muslimbruderschaft, Mitte der neunziger Jahre von einem Offizier des Geheimdienstes gefragt wurde, ob es nach wie vor noch bewaffnete Elemente in der ägyptischen Muslimbruderschaft gebe, verneinte er dies zunächst, um zu ergänzen, dass man dies in Einzelfällen natürlich nicht ausschließen könne.

Gleichzeitig muss festgehalten werden, dass Hassan al-Hudaibi, Oberster Führer der Muslimbruderschaft von 1951 bis 1972, in seinem Buch „Prediger nicht Richter" eine Richtung vorgab, die die Anwendung von Gewalt ausschloss und ganz auf den oben beschriebenen schrittweisen Umbau der Gesellschaft setzte. Die auf den Bruch mit Nasser im Jahre 1954 folgenden Verhaftungswellen, Hinrichtungen und langjährigen Gefängnisstrafen, die das Leben für viele Mitglieder bis Anfang der siebziger Jahre z. T. äußerst schwierig werden ließen, hatten ihn zu einer solchen Schrift veranlasst. Ebenso hielt er es für notwendig, sich deutlich von den Gewalt legitimierenden Positionen des radikalen Muslimbruders Sayyid Qutb abzugrenzen.

Der 1906 geborene Sayyid Qutb arbeitete zunächst für das ägyptische Erziehungsministerium und war über mehrere Jahre journalistisch tätig. Von 1948 bis 1950 wurde er im Rahmen seiner Tätigkeit für das Erziehungsministerium in die USA entsandt, um die dortigen Lehrpläne zu untersuchen, was er stets als durchweg negative Erfahrung schilderte. 1951 oder 1953 trat er der Muslimbruderschaft bei und wurde nach ihrem endgültigen Bruch mit Nasser im Jahre 1954 zu 15 Jahren Gefängnis verurteilt. 1964 wurde er vorzeitig aus der Haft entlassen, doch schon ein Jahr später warf man ihm vor, einen Umsturz geplant zu haben. Er wurde zum Tode verurteilt und 1966 gehängt. In Qutbs Schriften, die größtenteils während seiner Gefängnisaufenthalte entstanden, sind zwei Begriffe, *hakimiya* und *al-jahiliya al-mu'asira*, von besonderer Bedeutung. *Hakimiya* (arab. für Herrschaft und Souveränität) meint die absolute Herrschaft Gottes, der alle politischen und gesellschaftlichen Bereiche rigoros unterzuordnen sind, was Qutb in den unabhängig gewordenen Staaten der islamischen Welt nicht gegeben sah. In diesem Punkte unterschied er sich von Hassan al-Banna, der das Konzept der *hakimiya* nicht vollständig umzusetzen suchte. Kontakte zu den vorhandenen Regierungen waren für al-Banna durchaus möglich, Qutb lehnte solche strikt ab. Der zweite Begriff *al-jahiliya al-muʿasira* (wörtl. der gegenwärtige Zustand der Unwissenheit) vergleicht die Situation der Staaten und Gesellschaften der Epoche Qutbs mit der vorislamischen Zeit, für ihn Inbegriff der Barbarei und des Heidentums. Qutb sah die (erneute) Errichtung einer wahren islamischen Gesellschaft als *das* zentrale Ziel, welches – im geeigneten Moment – auch mit Gewalt durchgesetzt werden sollte. Seine Ideen wirkten sich nicht nur auf die Muslimbruderschaft, sondern auch auf das islamistische Spektrum insgesamt aus. Besondere Relevanz hatten sie allerdings für die ab den siebziger Jahren entstehenden radikalislamistischen Gruppierungen, die auf Qutbs ideologische Vorarbeiten zurückgriffen und diese teilweise noch weiter radikalisierten. Qutbs Vorarbeiten bildeten die ideologische Basis derjenigen Gruppen, die entweder die Herrschenden oder die Gesellschaften insgesamt zu Ungläubigen erklärten (arab. *takfir*) und die in jedem Falle bereit waren, diesen Zustand mit Waffengewalt zu ändern.

Während einige Muslimbrüder zu den radikalen Ideen Qutbs und deren Folgen tatsächlich auf Distanz gingen, verwiesen viele Mitglieder der Bruderschaft darauf, dass man Qutb einfach missverstanden habe oder dass er wegen seiner Ideen nicht verurteilt werden könne, da ja letztendlich niemand unfehlbar sei. Muhammad Qutb beschrieb die Bedeutung seines Bruders Sayyid für die ideologische Entwicklung der Muslimbruderschaft jedenfalls folgendermaßen: Er habe die Ideen Hassan al-Bannas weiterentwickelt und dabei dem direkten Handeln Priorität eingeräumt. Fasst man zusammen, so wird deutlich, dass al-Banna vor allem an graduelle Veränderungen dachte, während Qutb, dessen Weltbild nur zwei

Kategorien kannte, nämlich „wahrhaft islamisch" und „heidnisch" (arab. *jahili*), eine solche Möglichkeit verwarf.

Außer Frage steht, dass nur durch das oben angesprochene Konzept der friedlichen Transformation der Gesellschaft von Hassan al-Hudaibi unter Sadat die Rückkehr der Muslimbruderschaft in die Öffentlichkeit möglich geworden war. Sadat seinerseits wollte durch einen wohlwollenderen Umgang mit den Muslimbrüdern auch die Beziehungen Ägyptens zu den Golf-Staaten wieder verbessern, in denen die Muslimbrüder über große Sympathien verfügten.

Ebenso richtig ist aber auch, dass viele ehemalige Mitglieder des bewaffneten Arms die Ausrichtung al-Hudaibis ablehnten und ein recht ambivalentes Verhältnis zu politischer Gewalt entwickelten. Bezeichnend hierfür sind die Positionen Mustafa Mashhurs, der von 1996 bis zu seinem Tod im Jahr 2002 *murshid 'amm* der Bruderschaft war und zuvor am Aufbau ihrer Internationalen Organisation mitgewirkt hatte. Er sah die Muslimbruderschaft einer Koalition der „Feinde Gottes" gegenüberstehen und entwickelte in seinen Schriften verschiedene Konzeptionen und Theorien zur Notwendigkeit des Dschihad. Diese nahm er auch nicht zurück, als islamistische Terroristen in den neunziger Jahren Ägypten mit blutigen Attentaten überzogen. Ebenso blieb er dabei, dass es sich bei den hingerichteten Sadat-Attentätern um Märtyrer handle. Er agierte mit dem Fernziel, alle islamistischen Gruppen, inklusive der Dschihadisten, in einer großen Bewegung unter der Führung der Muslimbrüder zusammenzufassen. Man vermutet, er habe in den neunziger Jahren eine eigene Geheimorganisation aufgebaut, die sich ausschließlich um Kontakte zu radikalislamistischen Gruppierungen kümmern sollte. Eine geeinte islamistische Bewegung blieb aber reine Theorie.

Um der internen Kritik gemäßigter Aktivisten zu begegnen, verwies er jedoch immer wieder darauf, dass die Anwendung von Gewalt erst dann sinnvoll sei, wenn die Organisation gestützt von einer wirklich breiten Basis in der Bevölkerung die Machtfrage stellen könne.

Die offensichtlichen Sympathien Mashhurs für das radikalislamistische Spektrum bewahrten die Muslimbruderschaft aber nicht vor einer scharfen Kritik aus eben diesen Kreisen. Besonders aufschlussreich sind in diesem Zusammenhang die Schriften Aiman al-Zawahiris, der in den sechziger Jahren der Muslimbruderschaft beigetreten war, sich dann aber der Organisation Islamischer Dschihad zuwandte, um später zum Arzt und engen Vertrauten Bin Ladens in Afghanistan zu werden. In seinem in den achtziger Jahren erschienen Buch „Die bittere Bilanz" beschäftigt sich Zawahiri umfassend mit dem aus seiner Sicht kompletten Scheitern der Muslimbruderschaft. Zwar gestand er ihnen zu, organisatorisch einiges geleistet zu haben, doch inhaltlich sah er sie im Widerspruch zu Grundfragen des Glaubens. Er lehnte die Verehrung der Person Hassan al-Bannas ab, die er als „Heiligsprechung" empfand, kritisierte eine wie auch immer geartete Teilnahme an Wahlen, warf den Muslimbrüdern in manchen Fällen Zusammenarbeit mit dem Staat vor und beschuldigte sie in anderen Fällen, sich aus opportunistischen Gründen „unislamische" Verbündete zu suchen. Letzteres bezog sich beispielsweise auf die Kontakte der syrischen Muslimbrüder zum Ba'th-Regime in Bagdad, mit dem man eine tiefe Abneigung gegenüber dem syrischen Regime teilte. Zudem hätten die Muslimbrüder immer nur dann zu den Waffen gegriffen, wenn sie sich – wie 1948 – im Einklang mit den Regierenden befunden hätten. M. Mashhur wurde von Zawahiri allerdings nicht direkt kritisiert.

Ayman al-Zawahiri ist übrigens keineswegs der einzige ehemalige Muslimbruder, der zur Führungsperson einer terroristischen Gruppierung werden sollte. Ähnlich auffallend ist in diesem Zusammenhang der Fall Shukri Mustafas. Dieser war in den sechziger Jahren mit den Ideen S. Qutbs bekannt geworden, den er wohl im Gefängnis auch persönlich kennen gelernt hatte. Insbesondere Qutbs Konzept einer kämpfenden Vorhut faszinierte ihn. Basierend auf diesem Konzept gründete er Mitte der siebziger Jahre die Gruppe *Jama'at al-Muslimin* (Gemeinschaft der Muslime), die allerdings vor allem unter dem Namen *Al-Takfir wa-l-Hijra* bekannt ist. Die Bevölkerung außerhalb der Gruppierung wurde zu Ungläubigen erklärt (arab. *takfir*), man schottete sich vollständig von der ägyptischen Gesellschaft ab, betete in eigenen Räumlichkeiten und boykottierte staatliche Einrichtungen inklusive der öffentlichen Schulen. 1977 entführte die Gruppe einen ehemaligen Minister, um radikale Islamisten aus dem Gefängnis freizupressen. Als man diesen Forderungen staatlicherseits nicht nachkam, wurde die Geisel ermordet, was zu einem massiven Vorgehen der Sicherheitskräfte gegen *Al-Takfir wa-l-Hijra* führte. Shukri Mustafa wurde verhaftet, zum Tode verurteilt und 1977 gehängt. Inhaltlich hatte er bereits in den siebziger Jahren in zentralen Punkten mit der Muslimbruderschaft gebrochen. Die Gesellschaft eines mehrheitlich muslimischen Landes als ein Kollektiv Ungläubiger zu deklarieren, lehnte die Muslimbruderschaft klar ab, auch war ihr die Isolation vom gesellschaftlichen Kontext fremd. Shukri Mustafa ist also ein Beispiel dafür, wie jemand sich der Muslimbruderschaft aus Sympathie für ihren radikalsten Vordenker (Sayyid Qutb) anschließt, dessen Ideen aufgreift und weiterentwickelt und schließlich zentrale Aspekte der Lehre der Muslimbruderschaft vollständig verwirft.

Das Verhältnis der Muslimbruderschaft zur politischen Gewalt ist in jedem Falle nicht eindeutig. In ihren Medien finden sich Gewaltverherrlichung und Märtyrerkult und es gibt gegenwärtig führende Mitglieder, die terroristische Aktionen in Israel, den palästinensischen Gebieten und dem Irak rechtfertigen, andererseits ziehen sie sich bei Fragen nach Kontakten zu dschihadistischen Netzwerken auf die Position zurück, dass man international nur Beziehungen zu Gruppierungen unterhalte, die Gewalt und Terror ablehnen und in das politische Leben ihrer Heimatstaaten integriert seien. Als Beispiele werden dann normalerweise die Islamische Partei Malaysias (PAS) oder die *Jama'a Islamiya* in Pakistan und Bangladesh genannt, auf die dies in der Tat (mehr oder weniger) zutrifft. Letztendlich befindet sich die Organisation in einem Spannungsfeld zwischen der Absicht, sich legal an politischen und gesellschaftlichen Prozessen beteiligen zu wollen, andererseits aber grundsätzliche Sympathien für das gesamte islamistische Spektrum zu hegen. Dies verleitet die Muslimbruderschaft oft zu abstrusen Rechtfertigungen von Attentaten, die sie aufgrund ihrer offiziellen Positionen eigentlich ablehnen müssten.

2.2 Die Entstehung der Internationalen Organisation der Muslimbruderschaft

Die Internationale Organisation der Muslimbruderschaft hat immer wieder das Interesse der Medien auf sich gezogen. Für die arabische Welt gilt dies spätestens seit den achtziger Jahren, westliche Medien beschäftigen sich mit diesem Phänomen vor allem seit dem 11. September 2001. Doch stößt man in dem vorhandenen Quellenmaterial, das zumindest mit Blick auf die arabischen Texte mittlerweile recht umfangreich ist, auf widersprüchliche, unvollständige oder fehlende Informationen, so dass nicht immer leicht zu erkennen ist, inwiefern die Präsenz der Muslimbrüder in mittlerweile über 70 Ländern mit internationalen Organisationsstrukturen zu verbinden ist, die in verschiedenen Formen und auf verschiedenen Ebenen das weltweite Handeln der größten islamistischen Bewegung des sunnitischen Islams bestimmen.

Um Klarheit in die noch genauer zu untersuchenden Strukturen, Netzwerke und Kontaktknotenpunkte zu bringen, soll zunächst die Entstehung der Internationalen Organisation dargestellt werden. Ein Großteil der Quellen gibt folgendes Bild: Mustafa Mashhur, von 1996 bis 2002 Führer der Muslimbruderschaft, reiste 1981 von Ägypten nach Kuwait aus, um einer sich abzeichnenden Verhaftungswelle zu entgehen, die Präsident Sadat ungefähr einen Monat vor seiner Ermordung angeordnet hatte. Von Kuwait begab sich Mashhur nach Deutschland, wo er etwa fünf Jahre bleiben sollte. Während dieser Zeit stand er in engem Kontakt zu Muhammad Mahdi Akif, dem derzeitigen Führer der Muslimbruderschaft und damaligem leitenden Mitarbeiter des Islamischen Zentrums in München. Dort entwarf Mashhur 1981/82 die ,Allgemeine Satzung der Internationalen Organisation der Muslimbruderschaft', die neben der sog. Verfassung der Muslimbruderschaft von 1945 als das zentrale Dokument der Bewegung gilt. Inhaltlich beschreibt diese Satzung die Grundstrukturen der IO, die vor allem auf einem Führungs- und einem Beratungsgremium aufbauen, welche sich ausschließlich der internationalen Arbeit widmen sollen. In einem Großteil der getroffenen Bestimmungen zeigt sich jedoch deutlich die Vormachtstellung der ägyptischen Mutterorganisation: So wurde als Sitz der Organisation Kairo festgelegt, wo allerdings aufgrund der politischen Umstände nie ein Treffen der IO stattfinden sollte. Die Zusammensetzung des Führungsgremiums (stets acht Ägypter und fünf Vertreter aus anderen Teilen der Welt) sicherte den Einfluss der ägyptischen Muslimbrüder. Lediglich im Beratungsgremium gestand man den Unterorganisationen aus anderen Staaten eine größere Zahl von Vertretern zu. Allerdings war dieses Gremium in in der Praxis vor allem dazu da, Entscheidungen der Führung möglichst kommentarlos abzusegnen. Doch selbst das Führungsgremium war dazu angehalten, stets die zentrale Autorität des ägyptischen Obersten Führers der Bewegung im Auge zu behalten. Zu Person und Aufgaben des dem Führungsgremium der IO vorstehenden *murshid* wurde strengste Geheimhaltung bewahrt, erst 2004 wurde überhaupt die Existenz dieses Amtes bestätigt.

Die Finanzierung der IO wurde folgendermaßen geklärt: Alle im Beratungsgremium vertretenen Gruppen sollten sich „gemäß ihren Möglichkeiten" beteiligen, was in der Praxis darauf hinaus lief, dass die finanziell sehr potenten Muslimbrüder der Golfstaaten den Löwenanteil der Finanzierung schulterten.

Doch ist die Erstellung der ‚Allgemeinen Satzung der Internationalen Organisation der Muslimbruderschaft' in den Jahren 1981/2 natürlich kein Beleg dafür, dass die IO vorher nicht in der einen oder anderen Form bereits bestanden hätte. So berichtet beispielsweise der ägyptische Geheimdienstoffizier Fu'ad Allam, der zahlreiche Ermittlungen gegen die Muslimbruderschaft leitete und Teile seiner Erkenntnisse in den neunziger Jahren veröffentlichte, von Treffen führender Muslimbrüder aus verschiedenen Ländern, die

1978 in Aachen und in München stattfanden und in deren Rahmen seiner Meinung nach die IO gegründet wurde. An den damaligen Beratungen und Entscheidungen seien 17 Personen beteiligt gewesen, in der Mehrheit (aber bei weitem nicht ausschließlich) Ägypter. Hassan al-Turabi, Umar al-Tilmisani und Issam al-Attar sind Namen, die er dieser Gruppe zuordnet und die dem Leser dieses Buches noch häufig begegnen werden. Dies gilt auch für den aus Ägypten stammenden Milliardär Yusuf Nada, den Allam als die treibende Kraft hinter der Entstehung der IO sieht.

Doch da die Muslimbrüder nach wie vor nicht gewillt sind, ihre eigene Geschichte einem größeren Publikum zugänglich zu machen, lassen sich diese Zusammenhänge nicht abschließend klären. Fest steht jedoch, dass die Wurzeln der internationalen Präsenz der Muslimbruderschaft und damit auch der Ursprung der IO deutlich vor den Anfang der achtziger Jahre zurückreichen.

Bereits unter dem Gründer der Muslimbruderschaft Hassan al-Banna, der 1949 durch ein Attentat ums Leben kam, hatten sich erste Kontakte über Ägypten hinaus entwickelt. So gab es Ende der vierziger Jahre Verbände der Bruderschaft im Jemen, in Jordanien und in Syrien, zu denen Kairo vielfältige Kontakte unterhielt. Auch hatte man Strukturen geschaffen, um die bereits kurz nach der Gründung der Organisation aus der ganzen islamischen Welt eingehenden Spenden zentral in Kairo zu verwalten. Noch unter al-Banna war zudem am Hauptsitz der Muslimbrüder eine eigene Abteilung für die Beziehungen zur islamischen Welt gegründet worden, wobei diese wohl vor allem protokollarische Aufgaben zu erfüllen hatte. Sicher ist, dass diese Abteilung für die militärische Teilnahme der Muslimbrüder am Krieg gegen Israel von 1948 keinerlei Relevanz besaß. Diese Aufgaben übernahm der in der zweiten Hälfte der dreißiger Jahre als Geheimorganisation gegründete militärische Flügel der Muslimbruderschaft, der – wie bereits erwähnt – unter Nasser zerschlagen werden sollte. Letztendlich entscheidend war jedoch das Jahr 1954: Nachdem grundsätzliche Differenzen zwischen Nasser und der Muslimbruderschaft aufgetreten waren, kam es in jenem Jahr zum Verbot der Bruderschaft, worauf man zunächst mit Demonstrationen reagierte. Als im selben Jahr der Attentatsversuch eines Muslimbruders auf Nasser scheiterte, entschloss sich der Staat zu einem massiven Vorgehen gegen die Bruderschaft, was für die Mitglieder meist Gefängnis oder Vertreibung (d. h. Exil) bedeutete.

Viele Islamisten begaben sich in die Golfregion, oftmals nach Saudi-Arabien. Dort waren sie willkommen, um vorhandene Defizite im Bildungssektor auszugleichen. Als zentrales Element des entstehenden Netzwerkes der Bruderschaft am Golf erwiesen sich die zahlreichen ägyptischen Lehrer, die in der Region tätig waren. Gleichzeitig brauchte man mit einem bestimmten Bildungshintergrund ausgestattete Führungskräfte für die ab den sechziger Jahren entstehenden saudischen Organisationen, deren Aufgabe es war, ein Gegengewicht zum damals dominierenden arabischen Nationalismus, verkörpert in der Person Nassers, zu schaffen. Die Muslimbrüder verstanden schnell, dass ihnen das saudische Wohlwollen bei der Verwirklichung ihrer Ziele sehr nützlich sein könnte, gerade auch um ihre Präsenz über den arabischen Raum hinauszutragen. So hatte sich – wie Yussuf al-Qaradawi es einmal ausdrückte – das „Unglück [der Vertreibung] zur Wohltat gewandelt". Von zentraler Bedeutung war in diesem Zusammenhang Sa'id Ramadan, ein enger Vertrauter al-Bannas, der Ende der fünfziger Jahre den saudischen König Sa'ud überzeugen konnte, ihn beim Aufbau islamischer Kulturzentren in Europa zu unterstützen, was 1961 zur Gründung des Islamischen Zentrums in Genf führte. Inhaltlich argumentierte Ramadan mit dem streng konservativen Islambild der Bruderschaft, was sie mit Blick auf die internationalen Ambitionen der Saudis zu einem geeigneten Partner machte. Gleichzeitig nutzte man beispielsweise für den Kontaktaufbau nach Deutschland Verbindungen zu ehemaligen Nazis, die bis in die dreißiger Jahre zurückreichten.

Vor diesem Hintergrund erstaunt es nicht, dass der bereits erwähnte Mustafa Mashhur 1996 in einem Interview mit einer ägyptischen Zeitung provokant formulierte, eigentlich habe Nasser durch die

Verfolgung und Vertreibung der Muslimbrüder ab 1954 die IO gegründet, nur durch die Vertreibung sei ihre vielfältige internationale Präsenz zustande gekommen. Gleichzeitig gab er jedoch zu bedenken, dass es sich in den fünfziger und sechziger Jahren noch nicht um eine gut strukturierte Organisation mit eigenen Gremien gehandelt habe. Vielmehr hatte man es wohl mit einem schon früh durch Gelder aus den Golfstaaten finanzierten Netzwerk einzelner Personen oder Gruppen zu tun, in dem Koordination und Zusammenarbeit eher unsystematisch gepflegt wurden und das nicht – wie teilweise angenommen – die organisierte Ausweitung der oben erwähnten Abteilung für die Beziehungen zur islamischen Welt war. An zwei Beispielen lässt sich jedoch gut erkennen, dass dieses Netzwerk durchaus in der Lage war, zielgerichtet auf bestimmte politische Entwicklungen und Ereignisse zu reagieren Als 1954 der damalige Oberste Führer der Muslimbruderschaft Hassan al-Hudaibi verhaftet wurde, gründeten verschiedene arabische Zweigorganisationen ein Gremium unter dem Vorsitz des syrischen Muslimbruders Mustafa al-Siba'i, um den Fortbestand bestimmter Handlungsräume zu sichern. Und als Hudaibi 1972 verstarb, wurde in Ägypten in Erwägung gezogen, die Identität des *murshid 'amm* künftig geheim zu halten. Doch im Verbund mit einigen Muslimbrüdern in Ägypten waren die international aktiven Ableger und Untergruppen durchaus in der Lage, ihre Kritik an diesem Plan so deutlich zu artikulieren, dass man sich in Kairo gegen eine Geheimhaltung entschied.

Fasst man die Entstehung der Internationalen Organisation der Muslimbrüder zusammen, so ist festzustellen, dass Ideen und Strukturen einer internationalen Präsenz bereits deutlich vor 1982 existierten, unter Umständen fand auch die formelle Gründung der IO früher statt. Gleichzeitig wurden mit der Satzung der IO von 1981/82 bestimmte Organisationsstrukturen festgelegt und schriftlich fixiert. Allerdings stieß diese Satzung nicht überall auf ungeteilte Zustimmung. Insbesondere der sudanesische Islamist Hassan al-Turabi hatte sich die IO vielmehr als eine internationale Koordinationsstelle aller islamistischen Gruppierungen vorgestellt, die eben nicht durch den ägyptischen Zweig der Muslimbruderschaft dominiert werden sollte. Und in der Tat war die wohl durchaus diskutierte Idee, die zahlreichen mit der Muslimbruderschaft in der einen oder anderen Form affiliierten Gruppen und Verbände in Afrika, Zentral- und Südostasien zumindest in das Beratungsgremium der IO aufzunehmen, nicht berücksichtigt worden. Doch waren wichtige Muslimbrüder aus Syrien, Jordanien und dem palästinensischen Verband – zumindest zu Beginn der achtziger Jahre – bereit, die IO auf die Muslimbruderschaft zu beschränken und die zentrale Autorität des Hauptsitzes in Kairo für die Bewegung insgesamt anzuerkennen.

An der strikten Geheimhaltung, mit der die Muslimbrüder ihre internationalen Aktivitäten von Beginn an umgaben, änderten jedoch weder die offizielle Satzung des Jahres 1982 etwas, noch die spätestens seit Mitte der neunziger Jahre öffentlich bekannten Dokumente, die im Namen der IO unterzeichnet waren. Wenn sich der jeweilige Oberste Führer äußerte, dann nur in sehr allgemeiner und letztendlich wenig erhellender Form. Umar al-Tilmisani, dessen Amtszeit von 1974–1986 dauerte, beließ es bei dem Hinweis, es entspreche der Natur der Sache, dass eine Organisation, die international *Da'wa*-Arbeit betreibe, auch international präsent sei und sich international koordiniere. Mustafa Mashhur bestätigte im Jahre 1995 lediglich die Existenz international präsenter Zweigorganisationen, die sich als Folge der Vertreibungswellen der fünfziger Jahre ergeben hätten, wobei diese in ihren neuen Umgebungen sehr unterschiedlich aktiv gewesen seien. Auch 2001 sträubte sich der derzeitige Führer der Muslimbruderschaft Muhammad Mahdi Akif noch, genauere Auskünfte zur IO in einem Interview mit der ägyptischen Zeitschrift *Al-Watan Al-Arabi* zu geben. Man solle nicht erwarten, dass er die Existenz einer solchen Organisation bestätige, solange die ägyptische Muslimbruderschaft als deren mögliche Teilorganisation keinerlei offizielle Zulassung besitze und somit eine Bestätigung der Existenz der IO direkte rechtliche Konsequenzen haben könne. Insbesondere zur Entstehung der IO wollte er in dem Interview keinerlei Angaben machen, die derzeitigen Einschränkungen bestimmter Freiheiten würden dies nicht erlauben. Solange man als Kämpfer auf internationaler Ebene agiere, sei es ohnehin vernünftiger, sich als Geheimorganisation zu betätigen. Gleichzeitig entschloss er sich aber zu der Aussage, er könne niemanden daran hindern „zu sehen, was zu sehen ist". Die verschiedenen nationalen Verbände der Bewegungen seien ohnehin bekannt, ebenso viele der mit der Bruderschaft verbundenen Nichtregierungsorganisationen. Im Jahr 2004 entschloss sich Akif schließlich, „offen über die IO zu reden" und damit ihre Existenz zu bestätigen, nähere inhaltliche Informationen zu Aufbau und Struktur der Organisation blieben allerdings aus.

2.3 Die Internationale Organisation der Muslimbruderschaft: Aufbau und Aktivitäten

Trotz der dargestellten Informationspolitik ist es sehr wohl möglich, die Entwicklung der Internationalen Organisation in ihren zentralen Zügen nachzuvollziehen und ihren derzeitigen Zustand genauer darzustellen. Die verschiedenen nationalen Verbände, aus denen die IO hauptsächlich besteht, sollen nach Aussagen ägyptischer Muslimbrüder möglichst viel Verantwortung tragen und möglichst viele eigene Entscheidungen treffen, um sich ideal dem jeweiligen nationalstaatlichen Rahmen anpassen zu können. Der derzeitige Oberste Führer Muhammad Mahdi Akif spricht davon, dass die ägyptische Mutterorganisation die IO vor allem dazu nutze, die verschiedenen nationalen Zweige zu beraten, beispielsweise in Form von gemeinsamen Tagungen und Konferenzen, allerdings ohne größere gemeinsame Verwaltungsstrukturen zu unterhalten. Ähnlich verfahre man auch mit diversen anderen islamischen und islamistischen Organisationen. Dies geschehe normalerweise in aller Öffentlichkeit. Sein Vorgänger Ma'mun al-Hudaibi hatte oftmals nur in allgemeinen Worten von internationalen Treffen gesprochen, bei denen lediglich allgemeine und grundsätzliche, den Islam betreffende Fragen diskutiert würden.

Ein solch allgemeines Bild der internationalen Arbeit verschleiert allerdings bewusst die bereits angesprochene ägyptische Vormachtstellung in der IO. Zum einen war und ist das tatsächliche Ausmaß der weltweiten Aktivitäten abhängig von der Aufmerksamkeit, die ihr der ägyptische *murshid 'amm* zukommen lässt. Dies wird niemand ernsthaft bestreiten. Während Mustafa Mashhur, der die IO mit aufgebaut hatte, im Laufe seiner Amtszeit (1996–2002) viel Energie in die internationale Arbeit investierte, widmete sich sein Nachfolger Ma'mun al-Hudaibi (2002–2004) fast ausschließlich innerägyptischen Problemen, so dass manche schon vom „Hirntod" der IO sprachen. Mahdi Akif (seit 2004) hat für eine deutliche Wiederbelebung gesorgt und kann als ein Veteran der internationalen Arbeit auf beste Kontakte und eine große Popularität insbesondere unter den Muslimbrüdern in Europa und Nordamerika bauen. Allerdings unterliegt er in der Praxis strengen Reisebeschränkungen durch die ägyptische Regierung, was seine direkte Arbeit mit den verschiedenen Zweigorganisationen deutlich erschwert.

Akifs oben angeführte Beschreibung der IO-Aktivitäten sollten in keinem Fall den Eindruck entstehen lassen, diese orientierten sich lediglich an ein paar allgemeinen Regeln und Übereinkünften. Die bereits erwähnte ,Allgemeine Satzung der Internationalen Organisation der Muslimbruderschaft' enthält recht genaue Regelungen bestimmter Bereiche. So sind die Mitgliedsverbände verpflichtet, fünf Prozent ihres Haushalts an die IO abzuführen, auch muss es in jedem Verband mindestens ein Mitglied geben, dass für die Kontakte zur IO verantwortlich ist. Es gibt eine Berichtspflicht gegenüber dem Führungsgremium und es gilt das Verbot, neben den vorhandenen Verbänden weitere Gruppierungen der Muslimbruderschaft zu gründen, was sich allerdings nicht auf Parteien oder NGOs bezieht. Bei Verstößen gegen die Grundregeln oder einer Schädigung der Bewegung können Mitglieder jederzeit ausgeschlossen werden. Ein zentrales organisatorisches Problem ist zweifellos die Schwierigkeit, Zusammenkünfte der IO ohne eine Überwachung durch westliche oder arabische Sicherheitsorgane durchzuführen, denn letztendlich ist man nach wie vor darauf bedacht, zentrale Entscheidungen geheim zu treffen. Und manches Treffen der IO blieb nicht ohne Folgen. So wurde die geheime

Arbeit der Muslimbruderschaft im Oman erst aufgedeckt, als man omanische Mitglieder der Organisation über eine Sicherheitskreisen bekannt gewordene internationale Zusammenkunft identifizieren konnte.

Wie sich allerdings die Kompetenzen des Führers der IO zum Obersten Führer in Kairo verhalten, ist nicht genauer definiert und auch Issam al-Iryan, der sich 2004 im Gegensatz zu all seinen Vorgängern als Führer der IO in der Öffentlichkeit präsentierte, hat sich hierzu nicht näher geäußert. Diese Ambivalenz kann aber ohne weiteres als Garant der weltweiten Autorität der Zentrale in Kairo gewertet werden.

Doch die stetig wachsende interne Kritik an der IO seitens jüngerer Muslimbrüder bezieht sich bei weitem nicht nur auf die ägyptische Dominanz. In der Welt nach dem 11. September 2001 hält man sie für eine nirgendwo registrierte internationale Geheimorganisation, die der Arbeit der Muslimbrüder auf nationaler Ebene vor allem schade. So schrieb der jordanische Muslimbruder Bassam al-Amush in einem im Mai 2004 in der Zeitschrift *Dirasat* veröffentlichten Artikel, dass man die IO in ein öffentlich arbeitendes Koordinationsgremium umwandeln solle, das die Ziele der Muslimbruderschaft einem breiten Publikum erklärt anstatt Geheimstrukturen zu pflegen, die die Entwicklung und Reform der Gesamtorganisation behindern. In einem solchen Gremium sollten die (v. a. aufgrund der nationalstaatlichen Rahmenbedingungen) besonders effektiv arbeitenden Verbände (wie Jordanien oder Kuwait) entsprechenden Einfluss erhalten. Letztere Forderung war eigentlich nicht neu, doch hatten die Ägypter bislang immer nur die Erhöhung der Zahl von Vertretern anderer Verbände in eher unwichtigen Bereichen der Organisation genehmigt.

Die externe Kritik der IO fällt – kaum überraschend – noch sehr viel umfassender aus. Bereits in den neunziger Jahren warnten arabische Sicherheitskreise davor, dass die IO vor allem der Errichtung eines weltweiten islamischen Staates gemäß den Vorstellungen der Muslimbruderschaft diene. Auch versuche man, die Staaten, in denen die IO präsent ist, gezielt auf allen Ebenen zu unterwandern.

Darüber hinaus gebe es Belege, dass die Organisation in kriminelle Handlungen wie z. B. Waffenschmuggel verwickelt sei.

Der bereits mehrfach erwähnte Mustafa Mashhur zog im September 1990 auf einer Konferenz der Muslimbruderschaft in Istanbul, zu der 17 Führer nationaler Verbände angereist waren, eine vorläufige Bilanz der Arbeit der IO. Zwar gebe es zweifellos bestimmte Koordinationsschwierigkeiten und Interessenskonflikte, gleichzeitig sehe er aber keinen Grund, die Strukturen der internationalen Arbeit in Frage zu stellen. Vielmehr präsentierte er ein Strategiepapier, in dem er den Ausbau einer geschickten Verbindung verdeckter und öffentlicher Aktivitäten thematisierte, wobei er eine umfassende Arbeit jenseits der öffentlichen und möglichst auch jenseits der staatlichen Wahrnehmung für zentral hielt. Mashhur, der in den achtziger Jahren die Entsendung von Freiwilligen nach Afghanistan organisiert hatte, dachte wohl sogar ernsthaft über die erneute Errichtung eines militärischen Flügels nach, diesmal im Rahmen der IO. Außerdem nutzte er die genannte Konferenz im September 1990 zu einem eindringlichen Appell, die Einheit der IO unter allen Umständen zu wahren und dies nicht ohne Grund. Saddam Hussain war im Vormonat in Kuwait einmarschiert. Bereits im September zeichnete sich ab, dass sich dies für die IO zur Zerreißprobe entwickeln sollte, denn die kuwaitische Muslimbruderschaft verlangte eine klare Verurteilung der Besetzung Kuwaits durch die IO, die aber ausblieb. Vielmehr war zu beobachten, wie verschiedene Mitglieder der jordanischen Muslimbruderschaft offen ihren Sympathien für den Diktator in Bagdad Ausdruck verliehen, manche verklärten ihn im Wirbel der Ereignisse sogar zum neuen Kalifen. Ebenfalls nahm man den Jordaniern die Reise einer eigenen Delegation nach Bagdad übel, auch wenn diese angeblich nur das Ziel der Vermittlung zwischen den Konfliktparteien gehabt hatte. Weitere Verbände der Muslimbrüder am Golf solidarisierten sich mit den Kuwaitis und forderten eine klare Stellungnahme der Zentrale in Kairo. Musatafa Mashhur und Ma'mun al-Hudaibi, damals schon seit vielen Jahren in der Führung der ägyptischen Mutterorganisation tätig, äußerten sich allerdings nicht wie gewünscht.

Mashhur bedankte sich zwar ausdrücklich für die Hilfe, die die Muslimbrüder ab 1954 vom Golf erhalten hatten, doch hielt er es für einen Fehler, eine Koalition unter amerikanischer Führung zur Hilfe geholt zu haben. Es hätte eine innerarabische Lösung gefunden werden müssen. Auch deutete er an, dass man seit dem Krieg zwischen Iran und Irak ohnehin die Lage am Golf anders einschätze als die dortigen Regierungen. Hudaibi schlug sich direkt auf die Seite der jordanischen Muslimbrüder. Die Kuwaitis ließen daraufhin ihre Mitgliedschaft in der IO ruhen. Zwar nahmen sie später ihre Tätigkeit wieder auf, doch flossen noch über mehrere Jahre hinweg deutlich weniger Gelder aus Kuwait (und den Golfstaaten insgesamt) in die internationalen Strukturen der Bruderschaft als dies vor 1990/91 der Fall gewesen war. Als Mahdi Akif 2001 gefragt wurde, ob denn nun der Konflikt mit den kuwaitischen Brüdern endgültig beigelegt sei, bejahte er dies, ließ aber gleichzeitig offen, ob die Finanzquellen am Golf wieder in vollem Maße sprudelten.

In jedem Falle hatte die IO ihr Ziel, gerade in Krisenzeiten die Muslimbruderschaft zusammenhalten zu können, nicht erreicht und das Ansehen der Mutterorganisation war durch ihre ambivalente Haltung deutlich beschädigt worden. Manche Beobachter führten die Krise von 1990/91 darauf zurück, dass der Organisationsgrad der IO doch geringer sei als oft angenommen und deswegen effektive interne Absprachen und Diskussionen nicht möglich seien. Die Muslimbruderschaft selbst bescheinigte sich übrigens in internen Gutachten, dass die oben geschilderte Krise „die Macht und Einheit der Organisation gestärkt habe"!

Die Unfähigkeit der in der IO dominierenden ägyptischen Muslimbrüder, eigene Fehler selbstkritisch einzugestehen, hatte zur Folge, dass es immer wieder zu ähnlichen Streitfällen kam. Manche nationale Organisation begann vor diesem Hintergrund, die Entscheidungen der IO einfach zu ignorieren. Mahfud Nahnah, Chef des algerischen Arms der Muslimbruderschaft, wurde in den neunziger Jahren durch die IO dazu aufgefordert, sich nicht an den Präsidentschaftswahlen zu beteiligen, was er aber mit Blick auf die algerische Innenpolitik für falsch hielt, so dass er ohne die Zustimmung der IO an den Wahlen teilnahm. Für generelle Unruhe sorgten auch die folgenden Vorfälle: Als der vierte Oberste Führer Hamid Abu al-Nasr 1996 verstarb, ließ Hudaibi Mustafa Mashhur als neuem *murshid 'amm* huldigen, ohne dass die eigentlich üblichen Konsultationen auf nationaler und internationaler Ebene stattgefunden hatten. Darüber waren die Mitglieder der IO, die z. T. in Kairo anwesend waren, erstaunt und verärgert. Nach außen beharrte die Führung der ägyptischen Muslimbrüder allerdings auf der Position, dass man sich ausreichend mit den anderen Verbänden abgestimmt hätte.

Der neue Oberste Führer brachte intern vor allem Muslimbrüder in Europa gegen sich auf, als er in einem Interview klar antichristliche Äußerungen von sich gab. Man fürchtete um bestimmte Freiräume und Handlungsmöglichkeiten im Westen, sollte sich die Muslimbruderschaft als in erster Linie antichristliche Organisation öffentlich positionieren. Auch verstanden die europäischen Muslimbrüder nicht, warum man sich am Hauptsitz so sehr gegen die Gründung der bereits erwähnten *Wasat*-Partei stemmte. Man fühlte sich den Positionen der Initiatoren des Projekts inhaltlich verbunden und empfand es als Skandal, dass die alte Garde in Kairo dem Ablehnungsverfahren der Behörden sogar zuarbeitete.

Eine weitere Krise erlebte die IO nach Einsetzung des Regierungsrates im Irak im Jahr 2003. Zwei mit der Muslimbruderschaft affiliierte Parteien, die Islamische Partei des Iraks und die Islamische Partei Kurdistans, entschieden sich für eine Teilnahme am politischen Prozess im Irak. Nachdem die Islamisten in den siebziger und achtziger Jahren verfolgt worden waren, hatten sie sich in den neunziger Jahren, bedingt durch die schwache Stellung des Regimes, bestimmte Freiräume an Moscheen und Universitäten erarbeiten können und waren nun Teil der politischen Landschaft. Doch dass die Muslimbruderschaft durch zwei Mitglieder im „Regierungsrat der Amerikaner" vertreten war, traf in vielen nationalen Verbänden auf deutliche Kritik, und man warf ihnen vor, einen Beschluss der IO, der eine solche Beteiligung verbot, zu ignorieren. Die Islamische Partei Kurdistans wurde zudem beschuldigt, generell viel zu sorglos mit den Amerikanern in Kontakt zu stehen und die arabischen Muslimbrüder zu einer Teilnahme am Regierungsrat überredet zu haben. Die Kurden konterten, indem sie ihrem Är- ger über die Kontakte beispielsweise der jordanischen Muslimbru- derschaft zu Saddam Hussain Ausdruck verliehen und dem ägyp- tischen Mutterverband vorwarfen, die IO lediglich zur Kontrolle der verschiedenen Zweigorganisationen zu nutzen. Es gehe ihnen nicht um die Verteidigung gesamtislamischer, sondern ausschließ- lich arabisch-islamischer Interessen. Auch in diesem Konflikt blieb eine klare Positionierung aus Kairo aus und die IO erwies sich in Konfliktfällen erneut als handlungsunfähig. Hieran änderten die zahlreichen Solidaritätsbekundungen des Obersten Führers Mahdi Akif mit dem islamistischen Widerstand im Irak überhaupt nichts, vielmehr verstärkten sie in den Augen der Beobachter in- und au- ßerhalb der Organisation den Eindruck einer wenig kohärenten Haltung.

Im November 2004 trat die IO zu einem Treffen an einem unbe- kannten Ort in der Golfregion zusammen. Sogar der *murshid 'amm* hatte diesmal anreisen dürfen, da die ägyptischen Behörden die eigentlich für ihn geltenden Reisebeschränkungen vorübergehend aufgehoben hatten. Die politischen Umstände des Treffens waren äußerst ungünstig: Bezüglich der Situation im Irak hatte man zu keiner einheitlichen Position finden können, radikalislamistische Gruppen schienen der Muslimbruderschaft den Rang abzulaufen, das Finanznetzwerk der mit der Muslimbruderschaft verbunde- nen *Taqwa*-Bank (*taqwa* arab. für Frömmigkeit) war in das Blick- feld westlicher Fahnder geraten und die Rahmenbedingungen für international ausgerichtete islamistische Arbeit hatten sich in der Welt nach dem 11. September 2001 grundlegend geändert. Vor dem Treffen kursierte sogar das Gerücht, die Auflösung der IO solle beschlossen werden, was die ägyptischen Behörden wohl dazu mo- tivierte, Mahdi Akif überhaupt ausreisen zu lassen. Doch gibt es keinerlei Belege dafür, dass die Organisation tatsächlich aufgelöst worden wäre. Vielmehr sollte man das Treffen im Kontext interner Diskussionen um die Zukunft der internationalen Arbeit der Muslimbruderschaft sehen, die noch lange nicht abgeschlossen sind. Im Rahmen dieses Prozesses stehen sich zwei Lager gegenüber: Das eine Lager möchte die Form einer nicht registrierten Geheimorganisation, die fast überall verfolgt wird, zu Gunsten eines öffentlich arbeitenden Koordinationsgremiums aufgeben, das dem ägyptischen Zentralismus ein Ende setzt und die Arbeit der Bruderschaft nach außen kommuniziert. Das andere Lager, in etwa identisch mit der alten Garde der Muslimbrüder, will an den Geheimstrukturen festhalten, sie unter Umständen sogar ausbauen. Gleichzeitig überlegen dessen Vertreter allerdings, den „Tod" der IO vorzutäuschen oder einen Teil ihrer Aktivitäten tatsächlich für eine gewisse Zeit ruhen zu lassen, bis sich die auch von ihnen als problematisch erkannten äußeren Umstände wieder günstiger entwickeln.

2.4 Die nationalen Verbände der Muslimbruderschaft

Wie bereits deutlich wurde, sind die nationalen Verbände der Muslimbruderschaft für die IO von zentraler Bedeutung. Allerdings haben diese Organisationen, von denen viele bereits Ende der vierziger Jahre gegründet worden sind, in den letzten Jahrzehnten sehr unterschiedliche Entwicklungen durchlebt. Während die Muslimbrüder in Jordanien und im Jemen im Parlament sitzen, überlegt man in Syrien, ob man das Gesetz, das die Mitgliedschaft in der Bruderschaft mit dem Tode bestraft, angesichts der bereits erwähnten Entlassungen von Muslimbrüdern aus dem Gefängnis, nicht abschaffen sollte. In Algerien ist man gleich mit mehreren Gruppierungen im politischen Leben vertreten, während man in Ägypten ohne offizielle Zulassung, wenn auch mit Einschränkungen, öffentlich arbeiten darf. Ebenso unterscheiden sich die einzelnen Verbände durch ihre recht unterschiedlichen Beziehungen zu radikalislamistischen Gruppierungen einerseits und nichtislamistischen Organisationen andererseits, zudem sind sie verschieden stark auf einzelne Führungspersönlichkeiten zugeschnitten. Die Kontakte zur Mutterorganisation in Ägypten sind ebenfalls keineswegs einheitlich. Während einige Gruppen die zentrale Autorität des Hauptsitzes in Kairo uneingeschränkt anerkennen, bleiben andere zwar Teil der Bewegung, versuchen aber gleichzeitig ein gewisses Maß an Autonomie zu erlangen. Wieder andere Gruppen haben der Bruderschaft endgültig den Rücken gekehrt. Die Regierungen der jeweiligen Staaten blicken mindestens mit deutlicher Skepsis auf die nationalen Verbände der Muslimbruderschaft, oft werden sie aber auch als konkrete Gefahr wahrgenommen.

Es lohnt sich also, diese Zweigorganisationen genauer zu untersuchen. Auch wenn nicht der Eindruck entstehen soll, die ägyptische Muslimbruderschaft spiegele die Entwicklung der gesamten Bewegung wider, muss sie wegen ihrer nach wie vor zentralen – wenn auch deutlich geschwächten – Bedeutung am Anfang einer solchen Untersuchung stehen. Obwohl ihr nach wie vor die offizielle Zulassung versagt bleibt und sie auch keine eigene Partei gründen darf, ist die Muslimbruderschaft in Ägypten in den verschiedensten politischen und vor allem gesellschaftlichen Bereichen aktiv. Mehrmals ist die Bruderschaft bereits unter wechselnden Bezeichnungen ins Parlament eingezogen, derzeit ist sie dort mit sogenannten „unabhängigen" Abgeordneten präsent. Im Bildungs- und Gesundheitssektor unterhält man eigene Einrichtungen und in vielen Berufsverbänden dominieren die Muslimbrüder. Im Zuge der zweiten Intifada haben sich zudem „Volkskomitees" gebildet, die die Verlautbarungen der eigenen Führung zu den Ereignissen in den palästinensischen Gebieten für nicht entschieden genug hielten und eigene Protestaktionen starteten. Ob diese Form der Vorfeldarbeit auch langfristig durch den Staat geduldet werden wird, bleibt abzuwarten. Der Regierung ist sehr wohl bewusst, dass sie die stark gewachsene Präsenz der Muslimbruderschaft in der Gesellschaft nicht ignorieren kann und sie schon gar nicht einfach beseitigen kann. Staatlicherseits hält man daher die Muslimbruderschaft genau unter Beobachtung und geht gegen sie vor, wenn man den Eindruck hat, bestimmte Aktivitäten könnten eine unkontrollierbare Eigendynamik entfalten. Eine Zerschlagung der Organisation wird aber nicht mehr als ernsthafte Option gesehen. Die Rückkehr der Muslimbruderschaft ins öffentliche Leben, die nach der Machtübernahme Sadats begann, ist zumindest derzeit und in absehbarer

Zukunft nicht rückgängig zu machen. Das heißt allerdings nicht, dass die Arbeit der Muslimbrüder in der ägyptischen Öffentlichkeit nur auf Sympathie und Zustimmung stößt. Im Gegenteil: Neben den warnenden Stimmen aus dem Sicherheitsapparat sind es vor allem ägyptische Intellektuelle, die die Bruderschaft deutlich kritisieren, da sie befürchten, dass sie mittels ihrer karitativen Aktivitäten eine schleichende Islamisierung der Gesellschaft erreichen könnte, die angesichts des islamistischen Weltbildes der Bruderschaft zur völligen Verarmung des geistigen Lebens führen würde.

Die Lage der Muslimbruderschaft in Syrien unterscheidet sich grundlegend von der Situation in Ägypten. Der 1945/46 gegründete Verband geriet nach dem Bruch mit dem Regime Mitte der siebziger Jahre in eine direkte Konfrontation mit dem Staat, die 1982 ihren blutigen Höhepunkt in der syrischen Stadt Hamma fand. Dort lieferten sich die Aufständischen drei Wochen lang erbitterte Kämpfe mit der Armee, die Artillerie und Luftwaffe einsetzte, dann brach der Widerstand vollständig zusammen. Auch wenn eine bewaffnete Gruppe, die sich 1972 von dem *mainstream* der Bruderschaft abgespalten hatte, sich an den Ideen der Geheimorganisation der Muslimbrüder in Ägypten orientierte und sich Die Bewaffnete Vorhut nannte, noch bis 1985 (wenn auch stark eingeschränkt) aktiv war, hatte der Staat die Strukturen der Muslimbruderschaft 1982 endgültig zerschlagen. Die Mitglieder, die nicht tot waren oder im Gefängnis saßen, flohen ins Ausland, wo sie bis heute ihr eigenes internationales Kontaktnetzwerk unterhalten. Noch unter Hafiz al-Assad hatte es in den neunziger Jahren erste Kontakte zwischen den syrischen Muslimbrüdern im Ausland und der Regierung in Damaskus gegeben. Allerdings keimte die Hoffnung, wieder in Syrien aktiv werden zu können, erst mit der Machtübernahme Bashar al-Assads auf, bei dem manche Muslimbrüder annehmen, dass er keinerlei persönliche Feindschaft gegen die Bruderschaft hegt und von dem sie sich deswegen eine Verbesserung des Verhältnisses erhoffen. In der Tat sind in den letzten Jahren immer wieder Gruppen von Muslimbrüdern aus dem

Gefängnis entlassen worden und es besteht kein Zweifel daran, dass zwischen dem Staat und der Bruderschaft gewisse Kontakte bestehen. Gleichzeitig deutet sich nicht an, dass das Regime eine offizielle Zulassung der Muslimbruderschaft in Syrien ernsthaft in Erwägung ziehen könnte. Auch die Reformvorschläge der Muslimbrüder im Exil haben bislang kein konkretes Echo gefunden. Vor diesem Hintergrund existieren innerhalb der Muslimbruderschaft durchaus unterschiedliche Einschätzungen der derzeitigen politischen Lage. Während manche Muslimbrüder die Freilassungen als erste Anzeichen politischer Veränderungen interpretieren, die auch der Bruderschaft wieder Handlungsspielräume ermöglichen könnten, sehen andere insbesondere die strenge Verpflichtung der Freigelassenen, sich in keinem Falle politisch zu betätigen, als Beweis dafür, dass sich am grundsätzlichen Verbot der Organisation in absehbarer Zukunft nichts ändern wird.

Auch in Jordanien hat es die Muslimbruderschaft seit einigen Jahren mit einem neuen Herrscher zu tun, seit 1999 steht Abdallah II. an der Spitze der haschemitischen Monarchie. Doch die Entwicklung der Muslimbruderschaft in Jordanien, 1946 gegründet, unterscheidet sich völlig von der in den anderen nationalen Verbänden. Von Anfang an hatte man auf ein gutes Verhältnis zur Monarchie gesetzt, die der Muslimbruderschaft Handlungsspielräume ermöglichte, die keiner anderen politischen Oppositionskraft zugebilligt wurden. Im Gegenzug unterstützte die Muslimbruderschaft den Staat bei seinem Vorgehen gegen sozialistische und nationalistische Kräfte in den fünfziger und sechziger Jahren. Für die Loyalität zur Monarchie während des Schwarzen Septembers 1970 wurde sie sogar mit dem Posten des Bildungsministers belohnt.
Die Muslimbrüder konnten so eine feste Verwurzelung in der Gesellschaft erreichen und als das Land ab 1989 wieder zur Demokratie zurückkehrte (politische Parteien waren seit 1957 verboten), durfte die Muslimbruderschaft 1992 sogar ihre eigene Partei gründen, die *Islamic Action Front Party* (IAFP). Auch wenn die Muslimbruderschaft es immer wieder ablehnte, die IAFP als ihre

Partei zu bezeichnen, um sie für andere Kräfte des islamistischen Spektrums offen und attraktiv zu halten, sind die personellen Überschneidungen eindeutig und die bestehenden Beziehungen zwischen Partei und Mutterorganisation sind für niemanden ein Geheimnis. Außerdem ist die Muslimbruderschaft – ähnlich wie in Ägypten – in den verschiedenen Berufsverbänden aktiv und unterhält zahlreiche eigene Einrichtungen im Bildungs- und Gesundheitssektor. Doch seit der Mitte der neunziger Jahre liegen Schatten auf den Beziehungen zwischen Muslimbruderschaft und Staat. Als 1994 Jordanien und Israel einen Friedensvertrag unterzeichneten, begaben sich die Muslimbrüder erstmals in eine deutlich artikulierte Opposition zu einer durch den König zu verantwortenden Politik, ohne dass sie allerdings König Hussain persönlich angegriffen hätten. Als dann 1999 das jordanische Büro der Hamas, zu der man enge Kontakte unterhielt, geschlossen wurde und ihre führenden Repräsentanten nach Qatar ausgewiesen wurden, sahen viele Beobachter ein grundsätzlich neues, konfliktreicheres Verhältnis heraufziehen. In der Folge verabschiedeten sich viele Muslimbrüder endgültig von der über Jahrzehnte gepflegten Idee, Jordanien als Basis für die Befreiung der Aqsa-Moschee nutzen zu können. Doch gleichzeitig hatte sich die Bruderschaft in den neunziger Jahren bestimmte strukturelle Vorteile erworben, die sie von der Schwerfälligkeit manch anderer nationaler Verbände unterschied. So hatte man einen erfolgreichen Generationenwechsel an der Führungsspitze zustande gebracht und auch jüngere Mitglieder bekamen die Möglichkeit, in wichtigen Bereichen die Geschicke der Organisation mitzubestimmen. Gleichzeitig verweisen allerdings gerade diese jüngeren Mitglieder in letzter Zeit immer wieder darauf, dass sich ihre Teilnahme am politischen Leben mit Blick auf die Umsetzung der eigentlichen Ziele der Bewegung kaum auszahle. Man zeige sich dem Staat gegenüber, dessen Politik man als viel zu prowestlich empfindet, über Gebühr kompromissbereit. Wie sich diese Tendenz langfristig entwickeln wird, ist derzeit nicht abzusehen. Fest steht aber, dass die Zeiten, in denen die Muslimbrüder letztendlich stets loyal zur Monarchie standen, endgültig vorbei sind.

Mit der Hamas wurde bereits die Organisation erwähnt, die gegenwärtig für die Arbeit der Muslimbrüder in den palästinensischen Autonomiegebieten steht und die 1987 gegründet worden war, um den Muslimbrüdern als Frontorganisation zu dienen. Die Hamas unterhält heutzutage ein Netzwerk, das aus karitativen Einrichtungen einerseits und bewaffneten Zellen andererseits besteht. Dabei hat sie einen hohen Grad an Autonomie gegenüber der restlichen Muslimbruderschaft entwickelt und ist für direkte Weisungen aus Kairo kaum noch empfänglich. Zudem unterhält sie in begrenztem Maße ein eigenes internationales Netzwerk, z. B. in Form von Vertretungen in Syrien, Saudi-Arabien und Iran.

Gleichzeitig wäre es aber falsch, die Hamas völlig getrennt von den internationalen Strukturen der Muslimbrüder zu sehen. Der mittlerweile getötete Hamas-Führer Scheich Yassin äußerte sich vor einigen Jahren zu diesen Kontakten in einem Interview mit *Al-Jazeera* etwas ausführlicher: Die Organisation sei durch die Muslimbrüder selbst gegründet worden, ideologisch gebe es keinerlei Differenzen, auch wenn die Hamas natürlich einen klaren regionalen Fokus habe. Auf die Frage, ob man durch die Muslimbrüder nach wie vor unterstützt werde, antwortete Yassin, dass die Muslimbrüder bei der Unterstützung der Hamas eine herausragende Rolle spielten, allerdings sei man nicht an einer institutionellen Verbindung, wie z. B. einem Sitz der Hamas im *maktab al-irshad*, interessiert, der klare regionale Schwerpunkt der Organisation lasse dies als wenig sinnvoll erscheinen. Auf die Frage, ob es keine Kontakte zur IO gebe, antwortete Yassin in allgemeiner, aber dennoch aussagekräftiger Form: Man unterhalte zu Brüdern auf der ganzen Welt gute Kontakte und pflege diese unter Berücksichtigung der jeweiligen lokalen und regionalen Umstände, eine Einmischung in die inneren Angelegenheiten anderer Staaten komme allerdings nicht in Frage. Abschließend bemerkte er, die Muslimbruderschaft habe eine universale Botschaft und werde ihre weltweite Ausbreitung fortsetzen. Die Aufgabe aller islamistischen Bewegungen weltweit sei *da'wa* und Dschihad.

Auch im Libanon ist die Muslimbruderschaft vertreten. Die 1964 gegründete *Jama'a Islamiya* (arab. für islamische Gemeinschaft/ Gruppe) ist der libanesische Zweig der Organisation. Analog zu anderen politischen Kräften im Libanon unterhielt sie über mehrere Jahre einen militärischen Arm und zog 1992 und 1996 ins Parlament ein. Seitdem nimmt die Organisation auf legale Weise am politischen Leben teil. Die *Jama'a Islamiya* unterhält sehr gute Beziehungen zur IO und zu Saudi-Arabien, gleichzeitig macht es aber der libanesische Kontext notwendig, den Kontakt zur schiitischen Hisbollah und zur syrischen Regierung nie ganz abreißen zu lassen. Von zentraler Bedeutung für die Organisation ist der Religionsgelehrte Faisal Mawlawi, der auch für den Aufbau islamistischer Einrichtungen in Europa, d. h. vor allem in Frankreich, verantwortlich zeichnet.

Die Strukturen der Muslimbruderschaft im Jemen lassen ebenfalls eine nähere Betrachtung sinnvoll erscheinen. Dort sind sie über die *Islah*-Partei (*islah* arab. für Reform) aktiv, in der der 1947 gegründete nordjemenitische Zweig der Muslimbruderschaft eine zentrale Rolle spielt. Gleichzeitig sind aber in der 1990 gegründeten Partei auch unabhängige konservative Gelehrte aktiv und es gibt Verbindungen zu verschiedenen jemenitischen Stämmen. So ist der Parteivorsitzende Abdallah al-Ahmar Chef des Stammes der Hashid. Als wichtigster Ideologe der Partei fungiert Abdalmajid Zandani, ein Islamist, der wohl formal nicht mehr Mitglied den Muslimbruderschaft ist und etliche Jahre in Saudi-Arabien verbracht hat. Außerdem werden Zandani, der in den achtziger Jahren in Afghanistan gekämpft hatte, Kontakte zu Usama Bin Laden nachgesagt. Auch im Jemen unterhält die Muslimbruderschaft (bzw. die *Islah*-Partei) eigene Bildungsinstitutionen, wobei Zandani die *Iman*-Universität leitet, die in recht konkretem Verdacht steht, radikalislamistischen Netzwerken als Knotenpunkt zu dienen. Doch die angesprochene Verbindung von Muslimbruderschaft, Religionsgelehrten und den Stämmen wollten nicht alle Muslimbrüder mittragen, da sie eine Verwirklichung ihrer Ziele im Rahmen einer solchen Konstellation als unmöglich ansahen. So spaltete sich in den neunziger Jahren ein Zweig ab, der sich vor allem an den Ideen des Tunesiers Rashid al-Ghannushi (s. u.) orientieren sollte. Auch im Jemen ist das derzeitige Verhältnis von Muslimbruderschaft und Staat nicht gerade harmonisch. Die USA haben nach dem 11. September 2001 deutlichen Druck auf die Regierung in Sanaʻa ausgeübt, gegen islamistische Gruppierungen vorzugehen, was die jemenitische Regierung dann auch getan hat. Dies betraf natürlich in erster Linie Organisationen mit direktem terroristischem Hintergrund. Gleichzeitig wurden aber auch die durch die Muslimbruderschaft bzw. *Islah*-Partei betriebenen Schulen unter direkte staatliche Aufsicht gestellt, um die dort unterrichteten Lehrinhalte besser kontrollieren zu können, was von den Islamisten natürlich scharf kritisiert wird. Die Autonomie der bereits erwähnten *Iman*-Universität ist bislang übrigens noch nicht angetastet worden.

Auch wenn im Rahmen der nächsten Kapitel noch genauer auf die Präsenz der Muslimbrüder in den Golf-Staaten eingegangen werden wird, sollen an dieser Stelle bereits einige strukturelle Merkmale erwähnt werden. In der Golfregion kombinieren die Muslimbrüder eigene nationale Verbände mit der Arbeit in großen, finanziell gut ausgestatteten NGOs, deren Mitarbeiter aber nicht immer alle der Muslimbruderschaft angehören. Ein solches System ermöglicht es, die Arbeit fortzusetzen, auch wenn der jeweilige nationale Verband durch politische Umstände unter Druck gerät und seine Aktivitäten zurückfahren oder ruhen lassen muss. In Bahrain beispielsweise hat die Muslimbruderschaft auf diese Weise ihre Präsenz über mehrere Jahre hinweg trotz fehlender Zulassung aufrechterhalten können. Der kuwaitische Zweig ist zudem im Parlament vertreten, allerdings nicht über eine eigene Partei, sondern als Teil eines islamistischen Blocks. In Kuwait versucht man, angesichts des dort heute existierenden politischen Spielraums, die eigenen Ziele durch Veränderungen „von innen" umzusetzen. In der Praxis bedeutet dies, dass man durchaus Kritik an bestimmten politischen und gesellschaftlichen Entwicklungen übt und eigene Ideen verfolgt, gleichzeitig aber keinerlei Zweifel an der Loyalität zur Sabah-Familie, die das Land regiert, aufkommen lässt. In Saudi-Arabien unterhält die Muslimbruderschaft keine eigene Organisation, ist aber auf vielen Ebenen in saudischen oder saudisch geförderten Institutionen präsent, so z. B. in der *International Islamic Federation of Student Organizations* (IIFSO), die sich als Sammelbecken der islamischen Elite von morgen sieht und ihre erste Konferenz in der mit der syrischen Muslimbruderschaft verbundenen Bilal-Moschee im Jahr 1969 in Aachen abhielt.

In Algerien verteilen sich die Muslimbrüder auf verschiedene Organisationen bzw. Parteien. Im Falle der Islamischen Heilsfront handelt es sich eher um eine ideologische als eine organisatorische Verbindung, wobei sich Ali Belhaj, einer der Führer der Heilsfront, in erster Linie auf die Ideen Sayyid Qutbs bezieht. Organisatorische Beziehungen bestehen zur Bewegung der Gesellschaft für den Frieden (franz. abgekürzt MSP), die 1990 zugelassen worden war und sich bis 1996 Hamas nannte. Die MSP nimmt als Partei an den Wahlen teil und brachte es bei den Parlamentswahlen von 1997 auf 69 Sitze, 2003 erreichte sie 38 Sitze. Der 2003 verstorbene Mahfud Nahnah hat über Jahre hinweg die Geschicke der MSP bestimmt und sie auf legale öffentliche Arbeit und eine deutliche Nähe zum Staat eingeschworen. Nahnah hatte sich in den siebziger Jahren zunächst gewaltbereiten Islamisten angeschlossen, was ihm eine längere Gefängnisstrafe eintrug. In den achtziger Jahren entschied er sich dann aber für eine gemäßigte Form des Islamismus, wobei er sich auf die Arbeit im algerischen Kontext konzentrierte und – wie schon erwähnt – bereit war, Entscheidungen der IO zu ignorieren. Vielen Mitgliedern der Islamischen Heilsfront gilt er als Verräter. Die *Nahda*-Bewegung, 1990 offiziell zugelassen, ist zumindest auch im Umfeld der Muslimbruderschaft zu verorten und trat in den ersten Jahren weniger staatsnah als die MSP auf, doch bewegte sie sich dann nach und nach auf die Teilnahme an einer Regierungskoalition zu, so dass es zum Bruch mit den militanten Teilen der Organisation kam. 1999 unterstützte man die Kandidatur Abdalaziz Bouteflikas bei den Präsidentschaftswahlen und später dann auch dessen Politik als Staatspräsident. Durch den Bruch mit den radikaleren Teilen der Mitgliedschaft war die Partei insgesamt allerdings stark geschwächt und erhielt bei den folgenden Parlamentswahlen nur noch einen Sitz, was sie in der Folge weitgehend bedeutungslos machte. Die von der *Nahda*-Bewegung enttäuschten Aktivisten gründeten Ende der neunziger Jahre die Bewegung der Nationalen Reform (franz. abgekürzt MRN), die 1999 zugelassen wurde und die Distanz zu Teilen des Staatsapparats und zum Militär hielt. Stattdessen stellte sie die Islamisierung von Bildung und Recht in den Mittelpunkt ihrer Arbeit, was längerfristig erfolgreich war. 2002 konnte sie 43 Sitze im Parlament erringen, wodurch diese nach wie vor der Muslimbruderschaft ideologisch nahe stehende Partei zur stärksten islamistischen Kraft in der algerischen Nationalversammlung aufstieg.

Während sich die Ideologie der Muslimbrüder in Algerien also recht vielfältig artikuliert, hat sie in Tunesien keinerlei organisatorische Basis mehr und es gibt derzeit auch keine Anzeichen, dass sich hieran in absehbarer Zukunft etwas ändern könnte. Die der Muslimbruderschaft nahe stehende Bewegung der Islamischen Richtung, welche 1989 in *Al-Nahda* (arab. für Wiedergeburt) umbenannt wurde, um an den bevorstehenden Wahlen teilnehmen zu dürfen (religiöse Bezüge im Namen einer Partei waren verboten), hatte zunächst zum Ziel gehabt, sich auf legale Weise am politischen Leben zu beteiligen. Doch nur im Jahr 1990 wurden der Organisation, die über Verbindungen zu den Gewerkschaften und dem studentischen Milieu verfügte, tatsächlich Möglichkeiten zur Teilnahme am öffentlichen Leben gegeben. So konnte man beispielsweise eine eigene Zeitung herausgeben. Doch die eingeräumten Freiheiten wurden ab 1991/92 wieder zurückgenommen, und der Staat ging massiv gegen *Al-Nahda* vor. Zunächst verlagerte die Organisation ihre Strukturen in Tunesien in den Untergrund. Wenig später wurde die Führung der Bewegung durch diejenigen, die sich den Verhaftungen entziehen konnten, ins Ausland verlegt.

Die zentrale Figur der Organisation, Rashid al-Ghannushi, lebt heute im Exil in London. Von dort hat Ghannushi, dessen Diskurse sich zwischen der Unterstützung der Menschenrechte und der Beschwörung des Dschihad bewegen und innerhalb der Muslimbruderschaft mit großem Interesse verfolgt werden, ein weitreichendes Netzwerk aufgebaut. Dieses umfasst Kontakte zur Staatsführung im Iran und zu Islamisten wie Hassan al-Turabi, der 1979 nach verschiedenen Meinungsverschiedenheiten mit dem ägyptischen Zweig die Muslimbruderschaft verlassen hatte. Auch für den Dialog mit tunesischen Oppositionellen anderer ideologischer Herkunft wird das Netzwerk genutzt. Lediglich zu Gruppierungen, die in Europa zu Gewaltakten bereit sind, scheint er Abstand zu halten. Die Hoffnung, dass die Bewegung irgendwann wieder in Tunesien aktiv werden kann, hat er noch nicht aufgegeben.

Der Sudan unterscheidet sich nicht nur grundsätzlich durch seine religiöse und ethnische Vielfalt von anderen Ländern der arabischen Welt, auch die Geschichte der islamistischen Bewegung weist dort ganz eigene Züge auf. Präsent war die Muslimbruderschaft im Sudan spätestens seit Mitte der vierziger Jahre, Hassan al-Banna verfügte zu diesem Zeitpunkt bereits über eine feste sudanesische Anhängerschaft. Eine Delegation der ägyptischen Muslimbrüder hatte 1945 den Sudan besucht und mehrere Sudanesen waren der ägyptischen Muslimbruderschaft beigetreten. Doch erst 1954 trat die Organisation ganz offiziell in Erscheinung, nachdem man bereits 1948 einen sudanesischen *muraqib ʿamm* (wörtlich: allg. Aufsichtsführer) ernannt hatte. Mit dem Begriff *muraqib ʿamm* werden meist die Führer der nationalen Verbände der Muslimbruderschaft bezeichnet. In den ersten Jahren nach ihrer Gründung fiel die sudanesische Muslimbruderschaft öffentlich kaum durch Aktivitäten auf. Dies änderte sich, als der bereits mehrfach erwähnte Hassan al-Turabi 1964 vom Studium in Europa zurückkehrte. Der 1932 geborene Turabi hatte an der Sorbonne und in Oxford studiert und einen islamischen Studentenverband gegründet. Zurück im Sudan versuchte er, der Muslimbruderschaft seinen Stempel aufzudrücken, hatte allerdings von

Anfang an im Sinn, eine politische Bewegung zu schaffen, die über die Bruderschaft hinausreichte. Später sollte er einmal bemerken, die Muslimbruderschaft sei zu starr, um eine wirkliche Alternative zu den vorhandenen Systemen bieten zu können und zu eng, um in ihr seine Vision einer islamischen Bewegung umsetzen zu können.

In der Folge spalteten sich die Muslimbrüder in zwei Flügel. Der „traditionelle" Flügel sah sich v. a. der Bildungsarbeit verpflichtet, während der andere Flügel – ganz im Sinne Turabis – der Politik Priorität einräumte, wobei es 1979/80 zum endgültigen Bruch zwischen beiden Gruppen kam und die Gegner Turabis der IO als sudanesischer Verband der Muslimbruderschaft beitraten. Turabi lehnte einen solchen Beitritt ab, was zu deutlichen Meinungsverschiedenheiten vor allem mit Mustafa Mashhur führte. Diese erreichten eine neue Dimension, als Turabi 1987 ein eigenes Koordinationsgremium schuf, das Islamisten aus der ganzen Welt zusammenführen sollte. 1988 fand ein erstes Treffen dieses Gremiums in Khartum statt, doch die IO versuchte alles, um einen Erfolg dieses Projekts zu verhindern. In der Zeitschrift der kuwaitischen Muslimbrüder wurde Turabi vorgeworfen, er wolle die islamistische Bewegung spalten. Turabi entgegnete, sein Projekt stehe in keinerlei Konkurrenz zur IO, vielmehr sei es eine Ergänzung, da das neue Gremium in erster Linie dazu dienen solle, eine engere Kooperation mit nicht-arabischen islamistischen Organisationen zu erreichen. Außerdem handle es sich eher um die lockere Bündelung von Kontakten als um eine hierarchisch strukturierte Organisation wie die IO. Ab 1991 verfolgte Turabi diesen Ansatz über einige Jahre in Form der sogenannten Arabisch-Islamischen Volkskonferenzen, allerdings mit sehr mäßigem Erfolg.

Im Sudan selbst war Turabi seit 1977 in verschiedenen Positionen im politischen Leben aktiv, wobei er immer wieder bereit war, aus pragmatischen Gründen mit Gruppierungen verschiedenster Couleur zusammenzuarbeiten. Mit dem Umsturz von 1989, den die Islamisten zusammen mit Teilen des Militärs organisiert hatten, wurde er zur zentralen Figur des neuen Regimes. Von 1996 bis 1998 bekleidete er das Amt des Parlamentspräsidenten. Der Putsch von 1989 stellt in der arabischen Welt bis heute das einzige Beispiel für die Übernahme eines Staates durch sunnitische Islamisten dar. Allerdings kam es 1999 zum Bruch zwischen Turabi und General al-Bashir, dem zweiten wichtigen Mann im Staate, der sich der Unterstützung Ägyptens und Libyens sicher sein konnte, als es darum ging, Turabi loszuwerden. Gerade in Ägypten galt der Sudan Turabis als Zentrum für Terroristen und als internationales Stabilitätsrisiko. Allgemein bekannt ist, dass beispielsweise Bin Laden bis 1996 ungestört im Sudan agieren konnte.

Doch innerhalb des islamistischen Spektrums verwies man in den neunziger Jahren häufig darauf, dass es Turabi immerhin gelungen war, als Islamist die Spitze politischer Macht zu erreichen. Auch in der Muslimbruderschaft fanden sich viele solcher Stimmen, obwohl dies insbesondere seitens der ägyptischen Führungsriege nicht gerne gehört wurde. Gerade jüngere Mitglieder verwiesen auch auf die politischen Erfolge Turabis, seine aus ihrer Sicht bahnbrechenden Überlegungen zu einer islamischen Wirtschaft sowie auf die Umsetzung der Scharia, die jedoch bereits einige Jahre vor dem Militärputsch von 1989 eingeführt worden war.

Betrachtet man Turabis Bewegung, die sich seit 1985 Nationale Islamische Front nannte, so wird allerdings schnell deutlich, dass es sich um eine Organisation handelte, die ganz auf die Person Turabis zugeschnitten war und deren Erfolge darauf beruhten, dass man sich sehr flexibel den jeweiligen politischen Anforderungen anpasste und wenige Berührungsängste gegenüber anderen politischen Kräften hatte. Auf internationaler Ebene unterhielt Turabis Organisation enge Kontakte zum Iran, suchte aber zu bestimmten Zeiten genauso die Annäherung an Frankreich oder China.

Doch zusammen mit dem Militär schuf man ein Regime, das brutal gegen seine Gegner vorging, die Menschenrechte missachtete, von demokratischen Ansätzen deutlich entfernt und von Korruption und Vetternwirtschaft durchsetzt war. Zu Recht kann man darauf verweisen, dass die Machtergreifung der Islamisten zu wenig überzeugenden Resultaten geführt hatte. Die Beteuerungen verschiedener islamistischer Gruppierungen, Pluralismus zu akzeptieren und sich auch nach einer Machtübernahme an demokratische Spielregeln zu halten, scheinen angesichts des sudanesischen Beispiels wenig glaubwürdig. Dies erkannten auch einige gemäßigte Islamisten, die Turabi vorwarfen, durch seine Politik Grundlage für eine feindliche Haltung gegenüber dem islamistischen Spektrum insgesamt geschaffen zu haben. Interessanterweise lief der Niedergang Turabis ab Ende der neunziger Jahre parallel zu einem Wiedererstarken des „traditionellen" Flügels der Muslimbruderschaft, der zwischenzeitlich fast vollständig in der Bedeutungslosigkeit verschwunden gewesen war. Eines ihrer Mitglieder rückte in der Folgezeit bis in ein Ministeramt auf. Turabis Politik wird heute wegen ihrer Abweichung von der „wahren Ideologie der Muslimbrüder" deutlich kritisiert.

Auch am westlichen Ende der islamischen Welt sind die Muslimbrüder vertreten. Die *Umma*-Partei (*umma* arab. für die Gemeinschaft der Gläubigen) in Mauretanien unterhält gute Kontakte zur den verschiedenen Teilen der Bewegung. Mit Blick auf ihr politisches Programm gibt es keinerlei Differenzen, Islamisierung, die Einführung der Scharia und die Bewahrung der arabisch-islamischen Identität des Landes sind die zentralen Forderungen.

Doch gibt es neben den verschiedenen Strukturen und Organisationsformen in der arabischen Welt eine Vielzahl von mehr oder weniger engen und mehr oder weniger relevanten Kontakten zu islamistischen Gruppierungen in anderen Regionen der islamischen Welt. So stehen beispielsweise Parteien in Zentralasien zumindest in ideologischer Nähe zur Muslimbruderschaft und lange Zeit unterhielt man gute Kontakte zum afghanischen *warlord* Gulbuddin Hekmatyar, der vielen Muslimbrüdern über Jahre als Verkörperung des „wahren Muslims" galt. Doch zu vielen dieser Kontakte gibt es kaum nähere Informationen. Im Falle der Islamischen Partei Malaysias (PAS) ist dies jedoch anders. Daher soll am Beispiel der PAS gezeigt werden, welche Formen Kontakte der Muslimbruderschaft in nicht-arabischen Teilen der islamischen Welt haben können. Das Beispiel der PAS scheint besonders geeignet, da sie als offiziell zugelassene Partei relativ offen über ihre internationalen Kontakte spricht und vor dem Hintergrund ihres vergleichsweise beachtlichen Alters – sie wurde bereits 1951 gegründet – nicht erst seit gestern ein wichtiger Bestandteil des islamistischen Spektrums ist. Die Nähe der PAS zur Ideologie der Muslimbruderschaft geht vor allem auf die Ideologie ihrer führenden Politiker zurück, die in der arabischen Welt, d. h. meist in Ägypten, studiert hatten und das Gedankengut al-Bannas und Sayyid Qutbs mit zurück nach Südostasien brachten und dort verbreiteten. Ergänzt wurden die entstandenen inhaltlichen Berührungspunkte durch organisatorische Kontakte, die sich bis heute erhalten haben und auch mittels gemeinsamer Konferenzen gepflegt werden. Man beklagt sich allerdings immer wieder darüber, dass durch Reisebeschränkungen insbesondere der ägyptischen Muslimbrüder und andere staatliche Sicherheitsauflagen eine wirklich enge Zusammenarbeit verhindert würde. Doch gleichzeitig ist die Muslimbruderschaft nur ein Teil des internationalen Kontaktnetzwerks der PAS. Sie unterhält nämlich ebenso enge Kontakte zur türkischen *Refah*-Partei, zur *Jama'a Islamiya* in Pakistan und seit der Islamischen Revolution auch zur iranischen Staatsführung. Gleichzeitig hat die PAS natürlich kein Monopol auf die Kontakte der Muslimbruderschaft zu Islamisten in Malaysia. Die *Jama'at al-Islah*, die mehrfach versucht hat, die PAS zu unterwandern, steht ebenso in Kontakt zur Muslimbruderschaft, allerdings wurde die Behauptung mancher ihrer Mitglieder, man sei ein festes Mitglied der IO, bislang immer wieder durch diese zurückgewiesen.

2.5 Die Muslimbruderschaft in Europa

In Europa sind die Aktivitäten der Muslimbruderschaft grundsätzlich im Kontext der Rivalität verschiedener Gruppen um die Gunst der Diaspora-Muslime zu sehen. Türkische Gruppierungen, Anhänger der Salafiya, Wahhabiten und andere wollen ihrem Islamverständnis möglichst viel Einfluss verschaffen und scheuen meist auch nicht vor Versuchen zurück, Moscheen, die einer anderen Richtung zugeordnet werden, z. B. durch finanzielle Anreize dem eigenen Netzwerk einzuverleiben. Auch wenn die Muslimbrüder immer wieder betonen, jegliche Parteibildung (arab. *tahazzub*) unter den Muslimen in Europa vermeiden zu wollen, werden sie in der Praxis als recht intolerant und wenig offen für andere Einflüsse wahrgenommen. Als Dachverband der verschiedenen Organisationen der Muslimbruderschaft dient die Föderation der islamischen Organisationen in Europa (FIOE) mit Sitz in Großbritannien. Die Präsenz der Muslimbrüder in den verschiedenen Nationalstaaten nimmt recht unterschiedliche Formen an und reicht von größeren Verbänden wie in Frankreich (*Union des Organisations Islamiques de France*, UOIF) und Deutschland (Islamische Gemeinschaft in Deutschland, IGD) bis hin zur Kontrolle einzelner Zentren und Moscheen wie in Belgien. Gleichzeitig kann die Muslimbruderschaft auch auf die europäischen Strukturen weltweit aktiver islamischer NGOs zurückgreifen, die dem islamistischen Spektrum zuzuordnen sind und in denen die Muslimbrüder führende Stellungen bekleiden. Hierzu gehört z. B. die *World Assembly of Muslim Youth* (WAMY), die vor allem unter Schülern und Studenten aktiv ist, über ihre eigenen Spendenfonds verfügt und immer wieder durch den klar antisemitischen Charakter („die Juden sind die Feinde Gottes") vieler ihrer Schriften aufgefallen ist. Neben regelmäßig stattfindenden Camps oder der Organisation von Empfangskomitees für neu in Europa angekommene Studenten organisiert sie auch Veranstaltungen mit führenden Islamisten. In früheren Jahren gehörte zu den Gastrednern Abdallah Azzam, der Vordenker des Dschihad in Afghanistan. Auch das *Forum of European Muslim Youth and Student Organizations* (FEMYSO) wird durch die Muslimbruderschaft genutzt, zu ihm gehören mittlerweile 42 Verbände in 26 Ländern. Mit dem Europäischen Fatwa-Rat unter der Führung von Scheich Yussuf al-Qaradawi verfügt man zudem über eine Institution, die versucht, dem islamischen Recht aus der Perspektive der Muslimbruderschaft im europäischen Kontext Wirkung zu verschaffen. Außer Frage steht, dass sich die Aktivitäten der Bruderschaft in Europa auf bestimmte geographische Schwerpunkte konzentrieren. Dazu zählen Frank-

reich, Deutschland, Großbritannien, Belgien und die Schweiz, was
allerdings die Präsenz in Ländern wie Spanien, Dänemark, Schweden oder Luxemburg nicht ausschließt. Im Folgenden soll nun an-
hand verschiedener Beispiele gezeigt werden, wie die Arbeit der
Muslimbruderschaft in Europa konkret aussieht.

Neben zwei eher unbedeutenden Organisationen ist in Frankreich
die *Union des Organisations Islamiques de France* (UOIF) Teil des
Einflussnetzwerks der Muslimbruderschaft. Die UOIF finanziert
sich vor allem über Spenden aus den Golfstaaten und zählt etwa
100.000 Anhänger, die sich ihrerseits wiederum auf die 210 Mitgliedsorganisationen der UOIF verteilen. Ebenso kann man auf
einen eigenen Jugend- bzw. Studentenverband zurückgreifen und
unterhält eine eigene Gesundheitsorganisation, einen Vertriebsser-
vice für Bücher und Kassetten sowie ein Ausbildungsinstitut für
Imame. Obwohl bei der Gründung der UOIF im Jahre 1983 der
libanesische Islamist Faisal Mawlawi eine zentrale Rolle spielte, gilt
heutzutage Scheich Yussuf al-Qaradawi als wichtigste Autorität.
Doch auch Rashid al-Ghannushi oder der mittlerweile verstorbene
Mahfud Nahnah genießen großes Ansehen. Die UOIF ist im staatlichen *Conseil Français du Culte Musulman* (CFCM) repräsentiert,
wo sie in erster Linie in Konkurrenz zu den mit dem algerischen
Staat verbundenen Personen und Organisationen steht. Die UOIF,
auf deren Veranstaltungen immer wieder antisemitische Schriften
zum Verkauf angeboten worden sind, legt stets Wert darauf, bei
wichtigen Entscheidungen Rücksicht auf die spezifische Situation
der Muslime in Frankreich und die dortigen Rahmenbedingungen
zu nehmen, da die Organisation sich in Frankreich als wichtigste
Repräsentantin der Muslime etablieren will. Doch innerhalb der
Muslimbruderschaft im Lande treten nach wie vor Differenzen
durch Kontakte zu verschiedenen Strömungen innerhalb der Ge-
samtbewegung auf. So gibt es beispielsweise einen eigenen Studentenverband, der über enge Kontakte zu dem syrischen Muslimbruder Issam al-Attar verfügt, der in Aachen ansässig ist.

In der Bundesrepublik steht die Islamische Gemeinschaft in Deutschland e. V. (IGD) unter dem deutlichen Einfluss der Muslimbruderschaft, genauer gesagt unter dem Einfluss der ägyptischen Mutterorganisation. Das Islamische Zentrum in Aachen (Bilal Moschee) e. V. (IZA) ist vor allem mit dem syrischen Zweig der Muslimbruderschaft verbunden. Laut Verfassungsschutzbericht 2004 verfügt die Muslimbruderschaft in Deutschland über etwa 1.300 Mitglieder, hinzu kommt ein um ein Vielfaches größerer Sympathisantenkreis, der bei Jahrestreffen u. ä. in Erscheinung tritt.

Die IGD hat ihren Sitz im Islamischen Zentrum in München, das der derzeitige Führer der Muslimbruderschaft Mahdi Akif von 1984–87 leitete, und unterhält bundesweit noch zwölf weitere Zentren (bspw. in Frankfurt/Main, Stuttgart und Köln). Man pflegt – alles nach eigenen Angaben – Kontakte zu über fünfzig Moscheegemeinden und kooperiert mit zahlreichen Jugend- und Studentenverbänden (bspw. mit der Muslimstudentenvereinigung in Deutschland e. V., MSV). Die IGD ist zudem der Föderation der islamischen Organisationen in Europa angeschlossen. Einer der Schwerpunkte der Arbeit der IGD liegt im Bildungsbereich, wo man versucht, möglichst viele eigene Institutionen aufzubauen, was mit einer systematischen Werbung neuer Anhänger unter jungen Muslimen arabischer Herkunft verbunden wird. Seit 2002 ist Ibrahim al-Zayat Präsident der IGD, da sein Vorgänger aufgrund seiner direkten Verbindungen zum *Taqwa*-Finanznetzwerk (s. 2.6) nicht mehr zu halten war. Doch auch al-Zayat verfügt über zahlreiche Kontakte zu international aktiven islamistischen Organisationen, so z. B. zur bereits erwähnten WAMY. Das Islamische Zentrum Aachen (IZA), durch den syrischen Muslimbruder Issam al-Attar gegründet, sagte sich 1981 von der IGD los und verfügt über eigene Unterorganisationen wie die Union muslimischer Studentenorganisationen in Europa e. V. Ebenfalls sind die internationalen Kontakte al-Attars von zentraler Bedeutung, über ihn bestehen z. B. Verbindungen nach Belgien oder Frankreich. Zum Islamischen Zentrum in München unterhält das IZA übrigens trotz teils verschiedener Orientierungspunkte im Beziehungsgeflecht der Muslimbruderschaft gute Kontakte und so wurden z. B. immer wieder Mitarbeiter ausgetauscht.

Auch wenn die IGD verschiedene bilaterale Kontakte zu anderen islamischen Verbänden unterhält, – so kooperiert man unter anderem mit der türkischen Milli Görüş – ist sie gleichzeitig Mitglied des 1989 unter saudischem Zutun gegründeten Zentralrats der Muslime in Deutschland, der noch weitere kleinere, dem islamistischen Spektrum zuzuordnende Gruppierungen umfasst. So unterhalten neun von 19 Mitgliedsorganisationen Kontakte zur Muslimbruderschaft. Der Zentralratsvorsitzende Nadim Ilyas ist immer wieder als Mitglied der Muslimbruderschaft bezeichnet worden, was er – wie nicht anders zu erwarten – stets dementiert hat. Gesichert ist in jedem Falle, dass er in den siebziger und achtziger Jahren am Islamischen Zentrum in Aachen tätig war. Belegt sind zudem Ilyas' hervorragende Kontakte zu seinem Heimatland Saudi-Arabien und den von dort aus finanzierten internationalen Strukturen. So hat er immer wieder Stipendien für Studienaufenthalte an saudischen Universitäten organisiert, was im Falle des Terrorverdächtigen Christian Ganczarski auch einer breiteren Öffentlichkeit bekannt wurde.

Die Finanzierung der genannten Organisationen stützt sich auf mehrere Pfeiler: Neben Mitgliedsbeiträgen und den Erträgen aus dem Verkauf islamistischer Schriften u. ä. stützt man sich natürlich auf Spenden. Diese können zum einen aus Deutschland stammen, zum anderen aber auch aus Teilen der arabischen Welt, bspw. von Privatspendern am Golf. Auch ist von einer finanziellen Unterstützung durch verschiedene Staaten der Golf-Region auszugehen und so dürfte die Doppelnutzung des Islamischen Zentrums in München durch die Muslimbruderschaft und Saudi-Arabien auch mit einem finanziellen Engagement der Saudis verbunden sein.

In welchem Maße die palästinensische Hamas, ein Ableger der Muslimbruderschaft, derzeit in Deutschland aktiv ist, lässt sich nur schwer sagen. Fest steht, dass ihr bundesweit ca. 300 Personen zuzurechnen sind und sie unter dem Namen Islamischer Bund Palästina auftritt. Im Jahr 2003 wurde jedenfalls endgültig der *Al-Aqsa-*

Verein verboten, über den Spenden für die Hamas gesammelt wurden. Damit ist eine der zentralen Aktivitäten der Hamas-Anhänger zumindest vorübergehend deutlich erschwert worden.

Die erwähnte Zusammenarbeit zwischen der Muslimbruderschaft und der türkischen Milli Görüş ist auch gerade vor dem Hintergrund interessant, dass die Muslimbrüder, die in der Türkei keinerlei offene Aktivitäten betreiben, unter europäischen Studenten türkischer Herkunft über wachsenden Einfluss verfügen. Dies gilt insbesondere für Frankreich, Belgien, Deutschland und die Niederlande.

Großbritannien ist in mehrerlei Hinsicht für die Arbeit der Muslimbrüder in Europa relevant. Als Sitz der Föderation der islamischen Organisationen in Europa (FIOE) befindet sich hier der Dachverband der unter ihrem Einfluss stehenden Organisationen. Gleichzeitig haben in Großbritannien einige weltweit aktive islamistische NGOs, in denen Muslimbrüder in leitender Stellung tätig sind, ihren Hauptsitz. Zudem gibt es verschiedene Einzeleinrichtungen wie das *Muslim College* in London oder die *Muslim Student Society* in Glasgow, die beide für ein deutliches Engagement im Bildungssektor stehen. In der Leitung des Islamischen Informationscenters in London sind Muslimbrüder aus Ägypten, Syrien und Jordanien vertreten. Mit dem Marktanteil islamischer und islamistischer Gruppen, die ihren Ursprung in Südasien haben, können die Muslimbrüder aufgrund der ethnischen Zusammensetzung der Muslime in Großbritannien allerdings nicht konkurrieren.

In Belgien nimmt die Arbeit der Organisation wieder andere Formen an. So begann die Präsenz der Muslimbrüder zunächst mit den Anstrengungen der Syrer um Issam al-Attar, Moscheen und Islamzentren zu übernehmen und sie ideologisch an der Bruderschaft auszurichten. Mittlerweile arbeiten in Belgien syrische und ägyptische Muslimbrüder zusammen in einem Netzwerk aus Moscheen, karitativen Einrichtungen und Jugend- bzw. Studentenverbänden.

Dieser Überblick über die Zentren der Aktivitäten der Muslimbruderschaft lässt erkennen, welche Komponenten entscheidend sind. Die sich auf nationaler Ebene bietenden Möglichkeiten werden konsequent genutzt, entsprechend der eigenen Strategie arbeitsteilig strukturiert und auf europäischer Ebene koordiniert.

Doch eine Darstellung der Präsenz der Muslimbrüder auf dem alten Kontinent wäre nicht vollständig ohne eine kurze Darstellung der Aktivitäten Tariq Ramadans. Obwohl er solche Hinweise in westlichen Veröffentlichungen nicht besonders schätzt, soll trotzdem erwähnt werden, dass er der Enkel Hassan al-Bannas ist, des Gründers der Muslimbruderschaft und der Sohn Sa'id Ramadans, der seit den fünfziger Jahren maßgeblich für den Aufbau ihrer internationalen Präsenz mit saudischer Hilfe verantwortlich war. Das 1961 von Sa'id Ramadan gegründete Islamische Zentrum in Genf wird gegenwärtig von dessen älterem Sohn Hani geleitet, doch auch Tariq Ramadan hält dorthin nach wie vor gute Kontakte. Tariq Ramadan wird in der arabischen Welt zuweilen als „einer der herausragendsten islamischen Denker in Europa" bezeichnet, der sudanesische Islamistenführer Hassan al-Turabi sah in ihm sogar einmal „die Zukunft des Islams" verkörpert, und in Europa feiern ihn Muslime und Nicht-Muslime als intellektuell überzeugenden Vordenker eines europäischen Islams. Doch dies ist höchstens eine Seite der Medaille. Fest steht nämlich, dass sich Ramadan meist kontextabhängig äußert. Während er in öffentlichen Gesprächsrunden mit nichtmuslimischen Intellektuellen sehr tolerant auftritt, klingen seine Positionen vor einem rein muslimischen Publikum unüberhörbar islamistisch. Letzteres wird durch viele seiner Publikationen bestätigt: Der Islam sei eine universelle Ordnung und Integration könne sich nur auf das beziehen, was einem aus Sicht der eigenen Religion positiv erscheint. Sein Bekenntnis zum Rechtsstaat gilt nur, solange die Muslime aus seiner Sicht angemessen behandelt werden. Auch wenn T. Ramadan bislang immer abgestritten hat, Mitglied der Muslimbruderschaft zu sein, so wird sein mittlerweile recht großes muslimisches Publikum zumindest inhaltlich in deren Nähe gelenkt. Im Jahre 2002 bestätigte der mittlerweile verstorbene Mustafa Mashhur öffentlich, dass Tariq Ramadan in der Tradition der Bruderschaft steht. Doch an Ramadan als Vordenker eines Euroislams, der an die hiesige politische und gesellschaftliche Ordnung angepasst ist, sind noch weitere Zweifel angebracht. So war er 1998 Stipendiat an der *Leicester Foundation* in Großbritannien, die sich für die Verbreitung der Ideen der (radikal-)islamistischen Ideologen Mawdudi und Qutb einsetzt und die die Muslime in Europa in eine eigene, parallele islamische Sozialordnung einbinden will. Auch war die *Leicester Foundation* die Zentrale der Kampagne gegen den Schriftsteller Salman Rushdi. Die *Tawhid*-Buchhandlung in Lyon gibt neben den Schriften Ramadans auch die vieler Extremisten heraus, und ohnehin hat T. Ramadan eine eindeutige Verurteilung der Positionen des erwähnten Sayyid Qutb stets vermieden und sich immer wieder klar antisemitisch geäußert. Manche Beobachter halten seine Aussage, er sei kein Muslimbruder, ohnehin für eine bewusste Täuschung. Tatsächlich sei er eine der zentralen Figuren der Bruderschaft in Europa. Festzuhalten ist in jedem Falle, dass er sich ein Netzwerk aufgebaut hat, das mit der *Tawhid*-Buchhandlung über ein effektives System zur Verbreitung seiner Schriften unter den Muslimen in Europa verfügt. Zudem hat Tariq Ramadan in Frankreich mittlerweile seinen eigenen Jugendverband, die Union Junger Muslime. Fest steht zudem, dass seine Kontakte von europäischen Globalisierungsgegnern über die Muslimbruderschaft bis hin zu radikalislamistischen Elementen reichen. Es wird höchst interessant sein, die zukünftige Relevanz eines solchen „unabhängigen" Netzwerks für die Zukunft der internationalen Arbeit der Muslimbruderschaft zu beobachten.

2.6 Die Finanzstrukturen der Muslimbruderschaft und ihrer Internationalen Organisation

Was die Finanzierung der Aktivitäten der Muslimbruderschaft in den nationalen Verbänden, den jeweiligen affiliierten Institutionen und Organisationen sowie im Rahmen der IO angeht, lassen sich die Muslimbrüder nur sehr ungern in die Karten schauen und halten Informationen zu Geldgebern, Finanzmitteln und eigenen Investitionen sowie zu internen Geldflüssen möglichst geheim. Gleichzeitig ist aber mittlerweile so viel über die Finanzstrukturen der Bruderschaft bekannt, dass man sich bei einer Beschreibung ihres Aufbaus nicht mehr vollständig im Dunkeln bewegt.

Von zentraler Bedeutung für die Finanzierung der Bruderschaft sind zweifellos die Spenden, die ihnen aus Saudi-Arabien und den anderen Golf-Staaten zufließen. Mustafa Mashhur äußerte sich hierzu in einem Zeitungsinterview von 1996 folgendermaßen: Die finanzielle Unterstützung aus den Golf-Staaten sei zweifellos von zentraler Bedeutung, doch handle es sich lediglich um private Spenden aus der Bewegung oder ihrem direkten Umfeld, die einzelnen Staaten als solche seien in keinerlei Weise involviert. Auch der derzeitige Oberste Führer Mahdi Akif räumte Finanzhilfen aus der Golfregion ein. Allerdings schloss er ebenfalls – beispielsweise mit Blick auf das Islamische Zentrum in München, an dem er jahrelang tätig gewesen war – eine Beteiligung von Regierungen kategorisch aus. Ägyptische Sicherheitskreise sehen dies jedoch anders und haben schon in den neunziger Jahren immer wieder auf die Finanzierung der Muslimbruderschaft durch „einige arabische Staaten" hingewiesen, im Falle des Islamischen Zentrums in München handelte es sich dabei wohl um Saudi-Arabien und Kuwait.

Der Informationspolitik der Muslimbruderschaft ist also mit äußerster Skepsis zu begegnen. Dies betrifft nicht nur die Zuwendungen durch einzelne Staaten, sondern auch das bereits angesprochene Unterstützernetzwerk am Golf. Als Mahdi Akif nämlich 2001 in einem Interview mit der Zeitschrift *Al-Watan Al-Arabi* gefragt wurde, welche Kriterien denn mögliche Spender erfüllen müssten, antwortete er, der Spender müsse den Muslimbrüdern angehören.

Schließlich ergänzte er jedoch noch, dass letztendlich jeder, der das islamische Glaubensbekenntnis ausgesprochen habe und ihm gemäß handle, ein Muslimbruder sei. Die Aussage ist ein klares Indiz dafür, dass man bereit ist, von einem großen Personenkreis frommer Spender mit allgemeinen Sympathien für das islamistische Spektrum Geld anzunehmen. Weder müssen diese Spender der Bruderschaft angehören, noch müssen sie aus ihrem direkten Umfeld stammen.

Aussteiger berichten natürlich immer wieder von Versuchen besonders großzügiger Spender, direkten Einfluss auf die Politik der Bruderschaft zu nehmen. Normalerweise verschweigen sie aber, in welchen Bereichen und bei welchen Entscheidungen solche Bemühungen von Erfolg gekrönt waren. Dass Versuche der Einflussnahme seitens der Spender sicherlich nicht immer abgewehrt werden können, liegt in der Natur des beschriebenen Systems begründet. Ein weiterer Nachteil des Spendensystems ist zudem, dass es bei einer Organisation von der Größe der Muslimbruderschaft nicht immer gewährleistet ist, dass die Spenden auch diejenigen erreichen, die die Spender als Empfänger vor Augen haben. So wurde in Ägypten immer wieder der Vorwurf laut, dass die dortigen Muslimbrüder Gelder, die am Golf zum Auf- oder Ausbau von Moscheen in Europa gesammelt wurden, für eigene Zwecke einsetzten.

Allerdings lassen sich Ende der neunziger Jahre getroffene Einschätzungen, die Muslimbruderschaft sei „milliardenschwer", nicht allein auf großzügige Spenden zurückführen. Das vorhandene Geld wurde zielgerichtet investiert, man kaufte sich in die verschiedensten Branchen ein (von Supermarktketten bis hin zum Autohandel) und konnte über das Finanznetzwerk der *Taqwa*-Bank, auf das noch genauer eingegangen werden wird, alle notwendigen Transaktionen problemlos und diskret regeln. Um die Präsenz der Bruderschaft in allen relevanten Sektoren der Wirtschaft sicherzustellen, versuchte man in diesem Bereich (oft wohl recht erfolgreich) Sympathisanten des islamistischen Spektrums anzuwerben. Diese sollten dann möglichst viele Muslimbrüder an zentraler Stelle in den jeweiligen Unternehmen unterbringen.

Doch die skizzierten Strukturen änderten sich mit dem 11. September 2001. Weltweit wurden Gelder eingefroren und Konten gesperrt, die mit der Finanzierung terroristischer Gruppierungen in Verbindung gebracht werden konnten. Allein in den USA verloren die Muslimbruder hierdurch etwa 43 Millionen Dollar. Daher waren viele Muslimbrüder auch nicht besonders begeistert, als sich Mahdi Akif im Jahre 2004 offen zur IO bekannte. Man befürchtete hierdurch eine weitere Zunahme des Drucks auf das Finanznetzwerk der Bewegung, das ja letztendlich das Kernstück ihres Einflusses darstellte. In der Öffentlichkeit erhob man die Anschuldigung, dass „bestimmte Kräfte" die Situation nutzen wollten, um die Muslimbruderschaft insgesamt zu zerschlagen.

Doch wie genau funktionierte und funktioniert die Finanzierung der Internationalen Organisation? Es sind verschiedene Gründe dafür verantwortlich, dass der IO die Finanzmittel nicht ausgehen: Zum einen stellen die großzügigen Spenden aus der Golfregion – wie für die Muslimbruderschaft insgesamt – eine unverzichtbare Geldquelle dar. Auch fließen aus den weltweiten wirtschaftlichen Aktivitäten der Muslimbrüder Gelder in die IO, wobei meist das mittlerweile stark angeschlagene Finanznetzwerk um die *Taqwa*-Bank für die notwendige Koordination und Absicherung sorgte. Zum anderen scheinen verschiedene islamistische Persönlichkeiten, die der Muslimbruderschaft nahe stehen, ihre eigenen Kontakte genutzt zu haben, um die IO-Strukturen zu unterstützen. In diesem Zusammenhang fällt stets der Name Yussuf al-Qaradawi, der in Finanz- und Wirtschaftskreisen der islamischen Welt sehr hohes Ansehen genießt. Auch der jemenitische Scheich Zandani wird mit solchen Aktivitäten immer wieder in Verbindung gebracht. Ebenfalls scheinen verschiedene islamistische Banker in den USA für die Finanzierung der IO von Bedeutung zu sein, allerdings kam es 2002 zur Verhaftung einer in diesem Rahmen zentralen Person, so dass abzuwarten bleibt, welche Rolle die in Nordamerika aufgebauten Finanzstrukturen zukünftig spielen werden.

Innerhalb der Finanzstrukturen der IO gibt es eine klare Geber- und eine Nehmerseite. Von manchen Unterorganisationen wird sogar behauptet, sie seien nur international aktiv, um bestimmte Finanzhilfen zu erhalten. Über die ägyptischen Muslimbrüder wird manchmal gespottet, dass sie ihre Mitbrüder vom Golf ständig „aufgrund ihrer großen Sachkenntnis" zu Vorträgen einladen würden, nur um ihre Financiers bei Laune zu halten. Doch es gibt auch Aufrufe, die alle Mitglieder der IO, d. h. auch die außerhalb der Golfstaaten, verpflichten, für ein gemeinsames Ziel Geld zu organisieren. Dies gilt beispielsweise für Spendensammlungen zugunsten der Hamas. Für andere Gruppierungen oder Institutionen, die weiter unten auf der Prioritätenliste stehen, kommt es nicht zu derlei Aufrufen. So finanziert sich das *International Institute of Islamic Thought* (IIIT), ein mit der Muslimbruderschaft affiliierter Think-Tank, ausschließlich über Gelder aus den Golfstaaten. Doch auch die Hamas erhält letztendlich in der Praxis einen großen Teil ihrer Gelder von den Muslimbrüdern in dieser Region. Sowohl die Hamas als auch das IIIT mussten daher in den neunziger Jahren deutliche Einbußen hinnehmen, als der kuwaitische Zweig aufgrund tiefer Differenzen mit anderen Verbänden und der IO, die wegen des Golfkrieges 1990/91 entstanden waren, seine Zahlungen deutlich zurückschraubte.

Die bereits erwähnte *Taqwa*-Bank wird oft als „die Bank der Muslimbrüder" bezeichnet und steht seit 2001 im Grunde permanent in den Schlagzeilen arabischer und in geringerem Maße auch westlicher Medien. Da über diese Bank Finanzmittel an verschiedene radikalislamistische und terroristische Organisationen geflossen sind, wurden in den letzten Jahren Gelder der Bank beschlagnahmt, entsprechende Konten gesperrt und die Filialen der Bank unter permanente Beobachtung gestellt. Gleichzeitig halten sich aber hartnäckig Gerüchte, dass trotz dieser Maßnahmen Teile des *Taqwa*-Netzwerks weiterhin aktiv sind. Die Geschichte dieses Netzwerks begann Ende der siebziger Jahre, als Yussuf Nada, ein ehemaliges Mitglied des bewaffneten Arms der Muslimbruderschaft in Ägypten und hochrangiger Funktionär in der IO, mit Hilfe eines Sohnes des saudischen Königs versuchte, im neu entstehenden islamischen Bankenwesen Fuß zu fassen. Eine erste Bank baute er 1977 in Kairo auf, wohin er nach zwanzig Jahren im Exil wieder zurückkehren durfte.

Die zu Beginn der achtziger Jahre gegründete *Taqwa*-Bank richtete ihren Hauptsitz jedoch auf den Bahamas ein, gleichzeitig wurden aber Büros und Vertretungen in verschiedenen europäischen und arabischen Staaten eröffnet. Als Besitzer der Bank, die mit 229 Millionen Dollar Einlagen eher bescheidene Anfänge hatte, fungierten Yussuf Nada und der ehemalige Vorsitzende der Islamischen Gemeinschaft in Deutschland (IGD) Ghalib Himmat. Zunächst war die Bank, die sich im Immobiliensektor, im Import-Export Geschäft und in anderen Bereichen engagierte, wohl als Finanzarm der Muslimbruderschaft, d. h. insbesondere der IO, gedacht gewesen. Unter den Aktionären der ersten Stunde fanden sich Muslimbrüder aus den verschiedenen nationalen Zweigen sowie aus der IO selbst. Nada legte allerdings in einem Interview von 1997 Wert darauf, dass sich diese Anleger als „Individuen" an der Gründung der Bank beteiligt hätten, was natürlich kaum nachprüfbar ist. Nach Angaben der Bank machten die Muslimbrüder in der zweiten Hälfte der neunziger Jahre aber nur noch 8% von 1500 Anlegern aus 22 Ländern aus, wozu Nada bemerkte, es scheine, als habe die Muslimbruderschaft doch sehr viel weniger Geld als von den Medien behauptet.

Die Struktur des Netzwerks schien sich in jedem Falle verändert zu haben. Selbst wenn man die genannten Zahlen in Zweifel zieht, kommt man nicht an der Tatsache vorbei, dass sich Nadas Kontakte und Geschäftbeziehungen nachweisbar über den „gemäßigten" Islamismus hinaus entwickelt hatten. Er unterhielt gute Beziehungen zu Radikalislamisten ebenso wie zu Saddam Hussein und anderen arabischen Regenten. Von Lugano aus, einem wichtigen Firmensitz der Bank, unterhielt er Kontakte zu Finanz- und Wirtschaftskreisen in Italien. *Taqwa*-Mitarbeiter wie der Schweizer Ahmad Huber, ein Konvertit, Rechtsextremist und Holocaustleugner, sorgten für Verbindungen zur Neonaziszene. Nada selbst, oft „der islamistische Milliardär" genannt, präsentierte seine Bank allerdings lieber als seriöses Geldinstitut, das sich streng an die Vorschriften einer islamischen Finanzwirtschaft hält. Dies bestätigte ihm regelmäßig auch der Vorsitzende des schariatsrechtlichen Aufsichtsgremiums der Bank, Scheich Yussuf al-Qaradawi. Dieser wies mehrmals öffentlich darauf hin, dass sich die Bank in besonderer Weise um die Einhaltung islamischer Kriterien bemühe und sich intensiv durch islamische Rechtsgelehrte beraten lasse.

Nada selbst gestand zwar grundsätzliche Sympathien für einen „gemäßigten Islamismus" ein, stritt aber stets jegliche Kontakte zu gewaltbereiten Gruppen ab und der frühere oberste Führer Ma'mun al-Hudaibi erklärte im Namen der Muslimbruderschaft, dass die Vorwürfe gegen Nada keinerlei Grundlage besäßen. Er bezeichnete Nadas Finanzaktivitäten als dessen Privatgeschäfte und stellte klar, dass der Privatbesitz der Mitglieder für die Organisation nicht von Interesse sei (!). Hiermit war für ihn – ganz im Stile der für die Muslimbruderschaft typischen Art des Umgangs mit Kritik – die Auseinandersetzung um die massiven Vorwürfe gegen Yussuf Nada beendet.

Doch das Image des seriösen islamischen Geldinstituts war spätestens ab der zweiten Hälfte der neunziger Jahre nicht mehr haltbar. Es war bekannt geworden, dass über die *Taqwa*-Bank, die übrigens auch an der Finanzierung der Islamischen Zentren in München und Aachen beteiligt war, jährlich bis zu 60 Millionen Dollar an die Hamas flossen. Spendengelder aus aller Welt wurden über die Bank an Briefkastenfirmen, Medienbüros und andere durch die Hamas in den palästinensischen Gebieten und in Europa betriebene Einrichtungen weitergeleitet. Von dort aus fanden die Spendengelder nicht nur ihren Weg in Krankenhäuser, Schulen oder Sportstätten, sondern gelangten auch zum bewaffneten Arm der Hamas. Auf ähnlichem Wege wurden auch islamistische Gruppen in Algerien finanziert. Wie bereits erwähnt, wies die Bank solche Vorwürfe vehement zurück, 1997 behauptete Yussuf Nada in einem Interview, kaum eine andere Bank veröffentliche so detaillierte Jahresberichte wie die *Taqwa*-Bank und außerdem habe er den Hintergrund aller Mitarbeiter überprüfen lassen, so dass Verbindungen zu Terroristen auszuschließen seien. Die nach dem 11. September 2001 eingeleiteten Ermittlungen zeichnen jedoch ein völlig anderes Bild, wonach das *Taqwa*-Finanznetzwerk neben der Muslimbruderschaft auch Organisationen wie *Al-Qa'ida* und deren Umfeld versorgte. Angesichts des derzeitigen Vorgehens gegen die Bank, deren Archive unter Verschluss in Saudi-Arabien lagern, bleibt abzuwarten, ob und in welcher Form sie in Zukunft noch von Bedeutung sein wird.

2.7 Das Netzwerk des Scheichs Yussuf al-Qaradawi

Yussuf al-Qaradawi, oftmals als einflussreichster Gelehrter des sunnitischen Islams der Gegenwart bezeichnet, steht im Mittelpunkt eines Netzwerkes, das in Aufbau und Struktur derzeit wohl als einzigartig zu bezeichnen ist. Es lohnt es sich daher dem „Phänomen Qaradawi" ein eigenes Kapitel zu widmen.

Scheich Qaradawi, 1926 in Ägypten geboren und an der Azhar-Universität in Kairo ausgebildet, wanderte 1961 nach Qatar aus, nachdem er zuvor als Angehöriger der Muslimbruderschaft in Ägypten mehrmals verhaftet worden war. In Qatar hat er verschiedene Positionen im akademischen Bereich innegehabt, bis heute fungiert er als Direktor eines Zentrums für Islamstudien an der größten Universität des Golfstaates. Seine Arbeit in Qatar wurde 1990/91 durch einen Aufenthalt in Algerien unterbrochen, wo er als Hochschullehrer im Bereich Islamische Studien tätig war.

Nach eigenen Angaben ist er seit „10 bis 15 Jahren" nicht mehr Mitglied der Muslimbruderschaft. Gerne betont er seine Unabhängigkeit. Tatsächlich hielt sich Qaradawi nie mit Kritik an bestimmten Strukturen der Bruderschaft zurück, die er als reformbedürftig erachtete. Er war nicht dazu bereit, den Muslimbrüdern die Unfehlbarkeit zu bescheinigen, die sie sich selbst gerne zuschreiben, so dass die Trennung wohl nicht in völliger Harmonie erfolgte. Gleichzeitig steht er aber der Ideologie der Muslimbruderschaft nach wie vor sehr positiv gegenüber und fühlt sich insbesondere den Ideen ihres Gründers Hassan al-Banna tief verbunden. Zudem deckt sich sein eigenes Netzwerk in der Praxis an vielen Stellen mit dem der Bruderschaft.

Doch was macht seine Bedeutung im Einzelnen aus? Über seine regelmäßige Präsenz in der Sendung „Die Scharia und das Leben" des mittlerweile weltweit bekannten Satellitensenders *Al-Jazeera* erreicht er mit seinen Ratschlägen und Rechtsauskünften regelmäßig ein Publikum von etwa zehn Millionen Menschen. Er unterhält eine eigene, groß angelegte Webseite und ist auf dem Buchmarkt mit etwa 130 verschiedenen Titeln vertreten. Bei Veranstaltungen in seinem Heimatland Ägypten, in das er seit den siebziger Jahren wieder einreisen darf, zieht er problemlos mehrere tausend Menschen an. Gleichzeitig besetzt er wichtige Positionen in verschiedensten Institutionen, die ihm ebenso wie seine Medienpräsenz einen weltweiten Einfluss sichern. Er ist Präsident der Koalition des Guten (arab. *i'tilaf al-khair*), einer islamischen NGO, die vorwiegend Spenden für die Palästinensischen Autonomiegebiete sammelt und oft als Sammelbecken für Islamisten aus aller Welt bezeichnet wird. Darüber hinaus hat er die religiösen Aufsichtsgremien verschiedener islamischer Banken geleitet, unter anderem das der *Taqwa*-Bank, was ihm die Unterstützung von Firmen und Geschäftsleuten aus der ganzen islamischen Welt eingebracht hat. Zudem ist er Mitglied der Rechtsakademie der Islamischen Weltliga. Seine Kontakte zu den politischen Führungen der islamischen Welt reichen selbst bis in den schiitischen Iran.

In Europa erkennen verschiedene islamische Verbände Scheich Qaradawi als eine – wenn nicht sogar die – zentrale Autorität in schariatsrechtlichen Fragen an, so z. B. die *Union des Organisations Islamiques de France* (UOIF). Auch ist Qaradawi Präsident des 1997 gegründeten Europäischen Fatwa-Rats, der sich mit den Anwendungsmöglichkeiten des islamischen Rechts im europäischen Diasporakontext beschäftigt. Das Gremium geriet 2003 in die Schlagzeilen, als auf einer Konferenz in Schweden, die den Titel „Die Zurückweisung einer Verbindung zwischen Terrorismus und Dschihad" trug, Selbstmordanschläge in Israel als Märtyreroperationen verherrlicht wurden.

Auch wenn der Fatwa-Rat organisatorische Verbindungen zur Muslimbruderschaft immer wieder bestritten, so sind personelle und ideologische Überschneidungen klar erkennbar. Beispielsweise agiert als sein Vizepräsident der Generalsekretär des libanesischen Zweiges der Muslimbruderschaft Faisal Mawlawi. Ebenso entspricht die immer wieder durch den Fatwa-Rat als generelle Richtung der Interpretation des islamischen Rechts angepriesene *wasatiya*-Konzeption (*wasatiya* arab. für Mäßigung/Mittelweg) dem Gebrauch des Begriffs *wasatiya* durch die Muslimbrüder. In der Satzung des Rates ist übrigens festgeschrieben, dass nur 25 % der 32 Mitglieder außerhalb Europas wohnen dürfen, in der Praxis ist es aber eher ein Drittel, unter ihnen der Präsident und der Vizepräsident. Die Aktivitäten Qaradawis in Europa sind in erster Linie durch seine Überzeugung motiviert, der Islam werde langfristig als „Eroberer und Sieger nach Europa zurückkehren". Im Gegensatz zu früheren Jahrhunderten müsse dies allerdings gegenwärtig nicht (notwendigerweise) unter Gewaltanwendung geschehen. Vielmehr sieht er angesichts der aus seiner Perspektive im Niedergang begriffenen europäischen Gesellschaften die Möglichkeit, eine Islamisierung Europas durch Prediger, Lehrer und ideologische Überzeugungsarbeit zu erreichen.

Auch der Weltrat der Islamgelehrten mit Sitz in Dublin, dessen Kuratorium erstmals im Sommer 2004 zu einem Treffen zusammenkam, geht auf eine Initiative Qaradawis zurück. Der Weltrat soll langfristig Komitees zu so verschiedenen Bereichen wie Kultur, Öffentlichkeitsarbeit oder „spezifisch islamischen Angelegenheiten" umfassen. Mit Blick auf die ideologische Perspektive und die Ziele des Gremiums ließ Qaradawi im Juli 2004 auf *Al-Jazeera* deutlich erkennen, dass man eine streng islamistische Ausrichtung verfolgen werde. Dem Schutz der Identität der „islamischen Nation" werde oberste Priorität eingeräumt, reformorientierten Strömungen eine klare Absage erteilt, einer Verwässerung des wahren Kerns des Islams soll entschieden entgegengewirkt werden.

Vor diesem Hintergrund ist man über eine Erklärung, die bei einem zweiten Treffen des Kuratoriums des Weltrats im November 2004 in Beirut verabschiedet wurde, kaum noch erstaunt: Dort erklärte man den bewaffneten Widerstand im Irak zum Dschihad und machte dessen Unterstützung zur religiösen Pflicht. Ebenfalls wurde die Unterstützung der Palästinenser mit allen erdenklichen Mitteln zur Pflicht erklärt.

Solche Positionen hat Qaradawi allerdings auch schon zuvor vertreten. Seit dem Beginn der zweiten Intifada im Jahre 2000 hat er nie gezögert, palästinensische Selbstmordattentate religiös zu legitimieren. Den Vorwurf, er rechtfertige die Tötung von Zivilisten, hat er stets mit der absurden Behauptung abzuwehren versucht, in Israel gebe es keine Zivilisten, da es sich um eine vollständig militarisierte Gesellschaft handle. Islamischen Rechtsgelehrten, die sich für eine grundsätzliche Ablehnung von Selbstmordattentaten einsetzen, spricht er die hierzu notwendige Kompetenz ab. Zudem verweist er in den Medien gerne darauf, dass er Selbstmordattentate und andere dschihadistische Aktionen nur in einem ganz bestimmten Kontext wie z. B. im Irak oder in Israel für legitim halte, grundsätzlich lehne er die Tötung von Zivilisten aber ab. Doch viele seiner Veröffentlichungen und Äußerungen sprechen eine andere Sprache. Der Selbstopferung im Namen der Religion steht er grundsätzlich positiv gegenüber. Die momentan in der arabischen Welt vieldiskutierten Lehrplanänderungen, die Märtyrertum, Dschihad und Gewalt verherrlichende Passagen in den Schulbüchern zurückdrängen sollen, sieht er als „große Gefahr".

Viele seiner Kritiker verweisen zudem auf die dezidiert antiwestlichen und antijüdischen Passagen seiner Bücher. Das Judentum bezeichnete er öffentlich als Hauptverantwortlichen für Gewalt weltweit. Auch frauenfeindliche Positionen lassen sich finden. Eines seiner Bücher war zwischenzeitlich in Frankreich verboten, da es die Aussage enthielt, dass es einem Mann in bestimmten Situationen islamrechtlich erlaubt sei, die eigene Ehefrau zu schlagen, eine Position, die Qaradawi beispielsweise in Internetforen auch weiterhin vertritt.

Dass er gleichzeitig die saudischen Wahhabiten und bestimmte salafitische Gruppen als Formalisten ablehnt, ändert an der geschilderten Grundproblematik überhaupt nichts. Die USA haben ihn 1999 zur *persona non grata* erklärt.

Manche Beobachter bringen die rapide Ausbreitung des Qaradawi-Netzwerks mit dem politischen Niedergang des sudanesischen Islamistenführers Hassan al-Turabi seit Ende der neunziger Jahre in Verbindung. Erst hierdurch sei im internationalen islamistischen Spektrum eine Lücke entstanden, die Qaradawi nun fülle. Zweifellos ist es richtig, dass Turabi – neben Aufbau und Pflege diverser informeller Kanäle – immer wieder versucht hat, einer internationalen islamistischen Koordination und Zusammenarbeit einen festen institutionellen Rahmen zu geben. Vor diesem Hintergrund erklären sich beispielsweise die sog. Arabisch-Islamischen Volkskonferenzen, die Turabi bis 1999 mehrfach organisierte und auf denen sich bis zu 300 Delegierte aus 80 Ländern versammelten. Doch die politisch-religiöse Heterogenität der Teilnehmer war enorm. Neben Radikalislamisten nahmen auch Vertreter des nationalistischen palästinensischen Widerstands teil und die iranische Delegation zögerte nicht, ihren Unmut über das Attribut „arabisch" im Konferenznamen Ausdruck zu verleihen. Insgesamt waren diese Konferenzen strukturell kaum dazu geeignet, ein effektives internationales Netzwerk aufzubauen. Qaradawi scheint ohnehin – zumindest teilweise – mit anderen Mitteln und Schwerpunkten zu arbeiten, so dass eine Wechselwirkung zwischen dem Niedergang Turabis und dem Aufstieg Qaradawis nur schwer begründbar ist. Ein anderer Aspekt des Qaradawi-Netzwerkes ist wahrscheinlich viel relevanter: Ägyptische Analysten verstehen Qaradawis Anstrengungen als Versuch, Mittlerstrukturen zwischen Staatsislam und islamistischer Opposition zu schaffen. Hier ist mit Blick auf die Zukunft zu fragen: Ist dies überhaupt möglich und – falls ja – in welchem nationalstaatlichen Kontext? Führen Qaradawis Anstrengungen zu einer verbesserten Koordination islamischer Staaten und Bewegungen auf internationaler Ebene und hat dies eine weitere Islamisierung der betroffenen Gesellschaften zur Folge?

3. Die Islamische Weltliga

3.1 Hintergründe und Perspektiven

Internationale islamische Organisationen stellen normalerweise den Gedanken innerislamischer Solidarität und die Hoffnung auf die Einheit der *umma* (d. h. der Gemeinschaft der Gläubigen) in den Mittelpunkt ihrer Perspektive, wobei Einigkeit darüber besteht, dass an dieser Einheit auf verschiedenen Ebenen und mit verschiedenen Mitteln gearbeitet werden kann und muss.

Schon bald nach der Abschaffung des Kalifats im Jahre 1924 durch die republikanisch und säkular gewordene Türkei tauchten erste Überlegungen auf, wie der Islam sich nun auf internationaler Ebene organisieren könne. Die von verschiedenen Initiatoren ab 1926 veranstalteten islamischen Konferenzen waren ein erstes Ergebnis dieser Überlegungen. Doch das zentrale Problem ging weit über einen wie auch immer gearteten organisatorischen Rahmen hinaus. Zumindest auf normativer Ebene erkannte der (sunnitische) Islam als Grundlage einer internationalen Ordnung nur die Einheit der *umma* in einem ideellen islamischen Gesamtstaat an und kein komplexes Gefüge internationaler Vertragsbeziehungen zwischen muslimischen und nicht muslimischen Nationalstaaten. Dies war und ist mit den politischen Realitäten jedoch nicht mehr in Einklang zu bringen. Daher bildeten sich im Laufe des 20. Jahrhunderts verschiedene Meinungen, die aus der Perspektive des islamischen Rechts die Möglichkeit der Gründung internationaler Organisationen auf nationalstaatlicher sowie nichtstaatlicher Ebene beleuchteten. Daraus ergaben sich die folgenden Positionen: Eine Gruppe von Rechtsgelehrten lehnte die Idee vollständig ab, da sie auf europäischen Konzepten basiere und der Islam nur die durch das Kalifat geeinte Einheit der Gemeinschaft der Gläubigen kenne. Auch als temporärer Ersatz des Kalifats kämen solche Organisationen nicht in Frage. Andere Rechtsgelehrte waren hingegen der Auffassung, dass das Kalifat zwar grundsätzlich die bessere Option sei, doch könne man internationale islamische Organisationen auch als Instrument sehen, um international überhaupt politisch aktiv sein zu können. Allerdings räumten sie ein, dass hierfür keine rechtliche Grundlage in der Scharia zu finden sei. Eine dritte Gruppe von Rechtsgelehrten argumentierte, dass die Vermeidung innerislamischer Streitigkeiten eine im Koran vorgeschriebene Pflicht sei und somit die Existenz islamischer Organisationen, die die innerislamische Solidarität stärkten und islamische Wege der Konfliktlösung aufzeigten, gerechtfertigt sei. Das Ziel der Wiedererrichtung des Kalifats müsse jedoch auf jeden Fall weiter verfolgt werden.

Auch wenn kein Konsens erzielt werden konnte, war es zumindest möglich, bei der Gründung internationaler islamischer Organisationen auf die Zustimmung einer Reihe von Rechtsgelehrten zu verweisen.

Trotz der Bedeutung der Frage nach einer religionsrechtlichen Legitimität internationaler islamischer Organisationen sollte aber nicht übersehen werden, dass solche Institutionen in einem konkreten politischen Kontext entstehen, der für deren Strategien und Perspektiven von entscheidender Bedeutung ist. Im Falle der Islamischen Weltliga war dieser Kontext durch den „Arabischen Kalten Krieg" gekennzeichnet, in dem sich das arabisch-nationalistische Ägypten unter Nasser und die wahhabitengestützte Monarchie in Saudi-Arabien gegenüberstanden. Die 1962 in Mekka gegründete Islamische Weltliga war und ist ein Werkzeug der Saudis zur weltweiten Verbreitung ihres Islamverständnisses, und bis heute erfüllt die Weltliga, offiziell eine islamische Nichtregierungsorganisation, eine deutlich erkennbare Funktion innerhalb der saudischen Außenpolitik. Es erstaunt also kaum, dass im Grunde alle wirklich wichtigen Posten in der Organisation durch Saudis besetzt sind. Als grundsätzliche Ziele ihrer Arbeit nennt die Weltliga die Festigung des islamischen Bewusstseins, die Stärkung innerislamischer Solidarität, die weltweite Unterstützung islamischer Anliegen (insbesondere der Anliegen islamischer Minderheiten) sowie die ebenfalls weltweite Durchsetzung einer islamischen Ordnung auf der Grundlage der Scharia. In der Praxis artikuliert sich dies zum einen in Form von Missionsarbeit rund um den Globus, die sowohl Andersgläubige für den Islam gewinnen, als auch Muslime zum rigorosen Islamverständnis der Weltliga „bekehren" soll. Vor diesem Hintergrund betreibt die Weltliga ein internationales Netzwerk, das Bildungs- und Kulturarbeit sowie humanitäre Hilfe und Gesundheitsprojekte miteinander verbindet und die Arbeit über eigene Auslandsbüros, Kulturzentren und Bildungseinrichtungen mit Aktivitäten über affiliierte Moscheen, Unternehmen und Einzelpersonen kombiniert. In diesem Rahmen bestehen sowohl Kontakte zu staatlichen und staatsnahen Autoritäten als auch zu legal und illegal agierenden islamistischen Organisationen, die die Perspektive der Weltliga teilen. Begründet wird dies unter anderem damit, dass man einem weltweit agierenden Zionismus und Kreuzrittertum sowie einer aggressiven christlichen Missionsarbeit – Begriffe, die in den Schriften der Weltliga permanent auftauchen – etwas entgegensetzen müsse. Islamistischen Gruppen dürfte auch die Empfehlung einer 2003 erschienenen und durch die Weltliga prämierten Studie gefallen. Sie empfiehlt, in den durch die Weltliga getragenen Bildungsprogrammen der Erziehung zum Dschihad eine (noch) bedeutendere Rolle zukommen zu lassen.

Die Weltliga selbst ist ein stark durchstrukturierter Apparat aus Unter- und Zweigorganisationen an dessen Spitze ein Generalsekretär steht, der bislang stets saudischer Staatsbürger war. Der Aufbau solcher Strukturen wäre nie ohne die Ölpreisexplosion in den siebziger Jahren möglich gewesen. Seit damals konnten die Saudis Milliarden Dollars in ihre internationalen Aktivitäten stecken (1975–1987: 48 Milliarden, 1988–2002: 70 Milliarden), was allerdings innerhalb und außerhalb der islamischen Welt nicht immer auf ungeteilte Freude stößt. In der islamischen Welt wird die Arbeit der Weltliga, die sich teilweise sehr geschickt durch die Globalisierung entstandene Wirtschafts- und Kommunikationsstrukturen zu Nutze macht, oftmals als Versuch empfunden, das saudische Islambild der jeweiligen Bevölkerung aufzudrängen. Zudem haben Regierungen weltweit die Aktivitäten der Organisation immer wieder als Einmischung in ihre inneren Angelegenheiten kritisiert. Ägypten, Algerien und Frankreich sind nur einige Beispiele für Länder, die sich gegen bestimmte Vorgehensweisen der Weltliga verwahrt haben. Als zentrales Problem erweist sich hierbei immer wieder die fehlende Trennung zwischen *Da'wa*-Arbeit und politischen Aktivitäten. Auch wenn das UNESCO-Mitglied Islamische Weltliga regelmäßig betont, dass eine solche Trennung konsequent befolgt werde, so ist diese – wie im Folgenden noch ausführlich gezeigt – weder festzustellen noch tatsächlich gewollt.

Das Ziel, die Islamische Weltliga als zentrale internationale Organisation aller Muslime durchzusetzen, hat man bisher allerdings nicht erreichen können. Auch deswegen sucht sie immer wieder den Kontakt zu verschiedenen anderen international agierenden islamischen und islamistischen Verbänden, die den Führungsanspruch der Weltliga bislang aber stets abgelehnt haben.

Dass die Weltliga den Anliegen der muslimischen Minderheiten besondere Aufmerksamkeit schenkt, wurde bereits erwähnt. Es ist ihre erklärte Absicht, eine kulturelle Assimilation dieser Minderheiten an die Kultur der jeweiligen Mehrheitsgesellschaften zu verhindern. Dies soll durch die Schaffung paralleler „islamischer" Strukturen erreicht werden, wobei den Bereichen Bildung und Medien besondere Aufmerksamkeit gewidmet wird. Gleichzeitig ist man aber bereit, an verschiedenen Projekten und Initiativen teilzunehmen, die sich nach dem 11. September 2001 das Ziel gesetzt haben, den interkulturellen Austausch und Dialog zu fördern. Dadurch entsteht ein deutlicher Widerspruch zu ihrer sonstigen Politik, was den Betrachter oft ratlos zurücklässt. Einerseits sprechen sich Delegationen der Weltliga – so auch geschehen bei einem offiziellen Besuch in Deutschland – für eine positive und konstruktive Beteiligung der hier lebenden Muslime an der deutschen Gesellschaft aus und erklären den Respekt vor der Verfassung für selbstverständlich. Bei solchen Anlässen präsentiert man sich gerne als *die* Stimme des Islams in der Diaspora, was bei vielen Muslimen auf Ablehnung stößt. Andererseits spricht man in den eigenen Publikationen nach wie vor von einer Verschwörung des Westens gegen den Islam und von Gehirnwäsche an den im Westen lebenden Muslimen. Der Westen gewähre den dort lebenden Muslimen auch keine vollständige Religionsfreiheit. Daher rät man den Muslimen, auf interne Mechanismen der Konfliktlösung und Rechtsfindung zu setzen und warnt vor der Gefahr der Heirat mit Andersgläubigen. Solche „Empfehlungen" werden übrigens in der arabischen Ausgabe der Monatszeitschrift der Weltliga *Al-Rabita* (Die Liga) sehr viel expliziter formuliert als in ihrer englischsprachigen Ausgabe (mit dem Titel *The Muslim World League Journal*), die auch an westliche Institutionen verschickt wird.

Doch die Positionen der Weltliga erscheinen noch in anderer Hinsicht problematisch. Immer wieder wird der Grundsatz bekräftigt, dass die Beziehungen zum Westen auf der Grundlage der Scharia gestaltet werden müssten. Zudem sei *Daʿwa*-Arbeit nur dann gewaltfrei durchzuführen, wenn man durch nichtislamische Staaten in diesen Aktivitäten nicht behindert werde. So sei schließlich auch während der frühislamischen Eroberungen gehandelt worden. Schlachten habe man nur dann geschlagen, wenn dem Ruf zum Islam Hindernisse in den Weg gelegt worden seien. Ebenfalls sollte man der Behauptung der Weltliga, man repräsentiere den „islamischen Mittelweg", mit Skepsis begegnen. Der mit dieser Auffassung verbundene arabische Begriff der *wasatiya* wird von verschiedenen islamischen und sogar islamistischen Organisationen beansprucht und mit völlig unterschiedlichen Inhalten gefüllt. Im Falle der Weltliga ist jedoch zu vermuten, dass sie unter *wasatiya* in der Praxis wohl eher ihre eigene zentrale Position innerhalb des Islams versteht. Bei Kontakten zur Weltliga sollte zudem immer im Auge behalten werden, dass es sich um eine Organisation handelt, die klar antisemitische (sprich antijüdische) Positionen vertritt. So veröffentlichte man im Jahr 2003 in der eigenen Monatszeitschrift *Al-Rabita* eine größere Serie unter dem Titel „Der Plan der Juden, die Welt zu beherrschen", wobei man sich hauptsächlich auf die im zaristischen Russland fabrizierten „Protokolle der Weisen von Zion" stützte. Ebenso hat man jüdischen Gruppierungen immer wieder unterstellt, die islamische Welt mit gefälschten Koranexemplaren manipulieren zu wollen. Zudem steht die Forderung der Weltliga im Raum, das Fach „Gefahren des Zionismus" verpflichtend an allen Schulen in der islamischen Welt einzuführen.

Doch auch auf staatlicher Ebene gibt es eine internationale islamische Organisation, die sich der Einheit der Gemeinschaft der Gläubigen und der innerislamischen Solidarität verpflichtet sieht und sich für das Wohlergehen der Muslime weltweit einsetzt. Die Organisation der Islamischen Konferenz (OIC) nahm 1971/2 ihre Arbeit auf und geht ebenfalls auf eine saudische Initiative zurück. Sie sollte in den fünfziger und sechziger Jahren den Einfluss des arabischen Nationalismus durch eine islamische Staatenorganisation zurückdrängen helfen. Allerdings nahm das Projekt über viele Jahre hinweg keine konkreten Züge an. Erst der Brand der Jerusalemer Aqsa-Moschee im Jahre 1969 führte zu einem erneuten Aufleben der Idee, was dann tatsächlich zur Gründung einer solchen Organisation führte. Die OIC hat ihren Hauptsitz in Dschiddah und zählt derzeit 57 Mitgliedsländer. Es handelt sich übrigens um die einzige internationale Organisation auf staatlicher Ebene, deren Grundlage eine bestimmte Religion ist. An der Spitze der OIC steht ein Generalsekretär, als zentrales Organ gilt zudem die Konferenz der Außenminister. Ähnlich wie die Islamische Weltliga koordiniert die OIC zahlreiche Zweig- und Unterorganisationen, die meist für bestimmte Aufgabenbereiche stehen. Man denke nur an die ISESCO (*Islamic Educational, Scientific and Cultural Organization*) oder die IDB (*Islamic Development Bank*). Eine Reihe dieser Organisationen sind entsprechend der Grundausrichtung der OIC weit über den geographischen Rahmen ihrer Mitgliedsstaaten hinaus aktiv.

Doch die konkreten Ergebnisse der Arbeit der OIC sind eher bescheiden. So hat man z. B. zu Jerusalem und zum Nahostkonflikt, den man selbst zu *dem* zentralen Konflikt erklärt hat, über Jahre hinweg zwar zahllose Erklärungen veröffentlicht, zu konkreten politischen Aktionen größeren Umfangs kam es aber so gut wie nie. Ebenso wurde die Idee, während des Bosnien-Krieges eine gemeinsame Eingreiftruppe der OIC-Mitglieder aufzustellen, zwar heftig diskutiert, jedoch nicht in die Tat umgesetzt. Während des Iran-Irak Krieges (1980–88) und des Golfkrieges 1990/91 blieb die OIC als eigenständiger politischer Akteur ohne jede Bedeutung. Auch mehrere anvisierte gesamtislamische Vorhaben konnten nicht umgesetzt werden, wie beispielsweise ein Internationaler Islamischer Gerichtshof, den die OIC schon seit Jahren zu gründen beabsichtigt. Ziel des Gerichts soll es sein, Konflikte innerhalb der islamischen Welt auf der Basis der Scharia zu schlichten. Jedoch stimmten die Mitgliedsstaaten dem Projekt, dessen theoretische Grundlagen schon vor Jahren entworfen wurden, bislang nicht zu. Außerdem zeigte sich kaum ein Mitgliedsstaat bereit, für einen solchen Gerichtshof zusätzliches Geld zur Verfügung zu stellen. Nach außen erklärt man das bisherige Scheitern des Projekts allerdings mit Verschwörungstheorien. Ein solcher Gerichtshof, der die zentralen innerislamischen Konflikte lösen würde, sei „von dritter Seite" nicht gewünscht und werde dementsprechend blockiert.

Die politischen, wirtschaftlichen und religiösen Interessen von 57 Einzelstaaten in konkretes Handeln umzusetzen, hat sich also immer wieder als unmöglich herausgestellt. Zudem sind die Mitgliedsstaaten der OIC noch in weitere internationale Organisationen wie die Organisation der Afrikanischen Einheit, die Arabische Liga oder auch – wie im Falle der Türkei – in die Nato eingebunden, was die Arbeit der OIC zusätzlich erschwert. Gerade im Vergleich mit der Arabischen Liga fällt immer wieder die grundsätzliche Sympathie der OIC für politische und religiöse Positionen Saudi-Arabiens auf.

Die bisherigen Erfolge der OIC liegen wohl eher im Bereich der konkreten Projektarbeit. Hier hat man es in der Tat geschafft, über die OIC bzw. ihre zahlreichen Unterorganisationen weltweit Moscheen, Krankenhäuser und Bildungseinrichtungen zu unterstützen, meist finanziert über den „Islamischen Solidaritätsfonds". So werden viele der islamischen Universitäten in Afrika und Asien (z. B. in Uganda, im Niger oder in Bangladesh) durch die OIC mindestens teilfinanziert. Vielfach ergeben sich über solche Beteiligungen Kontakte zur Muslimbruderschaft, dies gilt beispielsweise für die Islamische Universität in Gaza oder das Islamische Krankenhaus in Amman.

Eine Darstellung der OIC wäre kaum vollständig, wenn nicht näher auf die ihr angegliederte *Islamic Development Bank* (IDB) eingegangen würde. Diese 1973 gegründete Bank mit Sitz in Dschidda wurde mit dem Ziel gegründet, eine Bank zu schaffen, die in jeder Hinsicht gemäß den Vorschriften der Scharia arbeitet. Heute ist die IDB eine der wichtigsten Institutionen, wenn es um Projektfinanzierungen, Kredite und Investitionen im islamischen Kontext geht. Auch wenn man vornehmlich mit anderen islamischen Banken zusammenarbeitet, bestehen durchaus Geschäftsbeziehungen zu internationalen Kreditinstitutionen, für die schariatsrechtliche Bestimmungen keinerlei Bedeutung haben. Die Einlagen der Bank, über die 53 Mitgliedsstaaten eingebracht, liegen bei 3.225 Millionen Dollar. Über *Waqf*-Fonds (*waqf* arab. für religiöse Stiftung) der Bank werden weltweit Projekte in den Bereichen wirtschaftliche Entwicklung, Bildung und Gesundheit finanziert. 2001 wurden innerhalb der Mitgliedsstaaten 378 Projekte finanziert, weitere 298 wurden außerhalb der Mitgliedsstaaten unterstützt. Insgesamt brachte man hierfür über 460 Millionen Dollar auf. Im Jahre 2003 wurde ein weiterer *Waqf*-Fonds gegründet, der v. a. Katastrophenhilfen finanzieren soll. Gleichzeitig unterhält die IDB zahlreiche Sonderfonds, zwei wurden nach dem Ausbruch der zweiten Intifada eingerichtet. Allein Saudi-Arabien zahlte in diese Fonds 170 Millionen Dollar ein. Offiziell hieß es, das Geld solle vor allem den Familien von Märtyrern ein angemessnes Auskommen sichern. Der Einfluss Saudi-Arabiens auf die IDB ist groß, da man 25% des Gesamtkapitals hält und damit über entsprechende Kontrollmöglichkeiten verfügt. Es erstaunt daher kaum, dass die IDB oftmals im Sinne saudischer Außenpolitik eingesetzt oder in den Dienst der Islamischen Weltliga gestellt wird. Kreditanfragen der Saudis werden auch dann zuvorkommend behandelt, wenn sie Projekte finanzieren sollen, die inhaltlich eigentlich außerhalb des Zielbereichs der Bank liegen. So wurde in Frankreich ein islamisches Kulturzentrum für 70.000 Gläubige errichtet, dessen Aufbau (neben in Saudi-Arabien durchgeführten Spendensammlungen) vor allem durch einen Millionenkredit der IDB möglich wurde.

Zwischen der OIC und der Islamischen Weltliga gibt es zahlreiche Kontakte und Querverbindungen. So werden gemeinsame Veranstaltungen und Konferenzen durchgeführt und es gibt viele personelle Überschneidungen, da beide Organisationen auf eine Gruppe von islamischen Führungskräften zurückgreifen, die in den meisten Fällen entweder aus Saudi-Arabien stammen oder zumindest dort ausgebildet wurden. Auch teilt man das Ziel, internationale islamische Aktivitäten möglichst umfassend unter saudischer Aufsicht zu koordinieren. Manche Beobachter sprechen von einer geschickten Arbeitsteilung, wobei die OIC die Ebene der muslimischen Staaten bediene, während sich die Weltliga um die muslimischen Bevölkerungen kümmere. Der Hauptunterschied zwischen beiden Organisationen liegt vor allem im Grundsatz der OIC, sich nicht in die inneren Angelegenheiten ihrer Mitgliedsstaaten einzumischen und ihre Souveränität streng zu beachten, was für viele der weltweiten Aktivitäten der Weltliga nicht zutrifft.

Im Bereich des interkulturellen Dialogs ist die OIC ebenfalls aktiv, z. B. in Zusammenarbeit mit der Europäischen Union. Auch wenn man der OIC im Gegensatz zur Weltliga sicherlich keinen strukturellen Doppeldiskurs unterstellen kann, so sind die Ergebnisse solcher Bemühungen bislang äußerst bescheiden. Bei einer gemeinsamen Konferenz der OIC und der EU im Jahre 2002 in Istanbul konnte man sich zwar darauf einigen, dass man einen äußerst kritischen Punkt in der Geschichte der Menschheit erreicht habe oder dass man gemeinsame, wenn auch nicht einheitliche Werte (?!) verfolge. Doch die meisten Konferenzteilnehmer hatten den Eindruck, dass man konkrete und wirklich sensible Fragestellungen vorsichtshalber ausgeklammert hatte. Diese zu behandeln, wäre jedoch die Voraussetzung für einen wirklichen Dialog gewesen.

3.2 Internationale Präsenz und Arbeit

Wie sehen die internationalen Aktivitäten der Islamischen Weltliga konkret aus, welche organisatorischen Strukturen liegen ihnen zugrunde und welche inhaltlichen Schwerpunkte werden in der Praxis gesetzt?

Ihre Aktivitäten laufen über eine Vielzahl unterschiedlichster Einrichtungen ab: Büros, Moscheen, Islamzentren, Bildungseinrichtungen und Verbände, die direkt oder indirekt mit der Weltliga verbunden sind und teilweise oder vollständig durch sie, bzw. durch den saudischen Staat, finanziert werden. Über diese Einrichtungen sollen islamische Gesellschaften nach saudischem Verständnis im Kleinen entstehen und dies meist in einer Umgebung, der man aus religiösen Gründen grundsätzlich ablehnend gegenüber steht. So empfiehlt die Weltliga beispielsweise den im Westen lebenden Muslimen, Frauen so weit nur irgend möglich nicht am dortigen öffentlichen Leben teilnehmen zu lassen. Einen geographischen Schwerpunkt der Arbeit stellen westliche Haupt- und Großstädte dar, da zu den dortigen muslimischen Bevölkerungsgruppen ein möglichst direkter Kontakt aufgebaut werden soll. Besondere Aufmerksamkeit kommt in diesem Zusammenhang den durch die Weltliga bzw. Saudi-Arabien getragenen Islamzentren zu, die sich – neben dem allgemeinen Ziel der Werbung für den Islam im Westen – möglichst intensiv um die nach Europa oder Nordamerika ausgewanderten Muslime bzw. um Konvertiten kümmern sollen. Dabei ist festzuhalten, dass die Zahl der Konvertiten in Ländern wie Frankreich oder Großbritannien jeweils bei etwa 40.000 liegt. Für Deutschland gibt es Schätzungen, die von bis zu 60.000 zumindest nominell zum Islam Übergetretenen ausgehen, jährlich kommen mehrere hundert neue Konvertiten hinzu. Allerdings sind diese Zahlen mit Vorsicht zu genießen, da es keinerlei zentrale Register o. ä. gibt und auch die jeweiligen Konversionsgründe höchst unterschiedlich sind und von religiösen bis hin zu rein pragmatischen Gründen wegen Heirat mit einer Muslimin reichen. Die Einrichtungen der Weltliga sind dazu angehalten, den jeweiligen nationalen Kontext möglichst gut zu berücksichtigen und dabei auch auf die Kenntnisse im Westen aufgewachsener Muslime zurückzugreifen. Mittels der Weltliga hat Saudi-Arabien zudem ein internationales Kontakt- und Informationsnetzwerk aufgebaut. Die inzwischen weltweit existierenden Büros, Zweigstellen und Kontaktgruppen sind der Zentrale in Mekka gegenüber zu regelmäßigen Arbeits-

und Lageberichten verpflichtet. Zudem steht man in Verbindung mit zahlreichen anderen islamischen NGOs, von denen viele eindeutig dem islamistischen Spektrum zuzuordnen sind. Gleichzeitig versucht man aber auch, in möglichst vielen Ländern Kontakte zu staatlichen Stellen weiter auszubauen. Doch viele Regierungen sind deutlich skeptischer gegenüber der Arbeit der Weltliga geworden. Die Beteuerungen der Weltliga, nur *Da'wa*-Arbeit zu betreiben und keine politischen Ziele zu verfolgen, werden zunehmend bezweifelt. So verwundert es nicht, dass Frankreich vor der Gründung des *Conseil Français du Culte Musulman* die Weltliga explizit davor gewarnt hat, sich in den Gründungsprozess in irgendeiner Weise einzumischen. Insbesondere nach dem 11. September 2001 sind viele Kontakte der Weltliga zu extremistischen Gruppierungen bekannt geworden. Außerdem genügt ein Blick in die arabischen Publikationen der Weltliga, um die Integrationsfeindlichkeit ihrer Ideologie sichtbar zu machen: So wird das Kopftuch zur religiösen Pflicht erklärt; auch ist es ihrer Ansicht nach einer Frau religionsrechtlich nicht erlaubt, sich von ihrem Ehemann scheiden zu lassen, wenn dieser sie zwingt, das Kopftuch zu tragen. Die Anschläge des 11. September werden im Kontext eines immer wieder beschworenen „Kriegs gegen den Islam" relativiert und heruntergespielt. Die Bedeutung des „demographischen Faktors" und damit die Werbung für eine möglichst hohe Geburtenzahl von Muslimen wird in Strategiepapieren oftmals als geeignetes Mittel beschrieben, um den Westen in eine muslimische Mehrheitsgesellschaft zu verwandeln. Diese Liste könnte beliebig fortgesetzt werden.

Die zentrale Schaltstelle der Weltliga ist das Generalsekretariat. Der Generalsekretär muss ein saudischer Staatsbürger sein. Derzeit hat Abdallah al-Turki dieses Amt inne. Zum einen ist das Generalsekretariat für die Umsetzung der Vorschläge der konstituierenden Versammlung zuständig, in der in erster Linie Vertreter des religiösen Establishments verschiedener islamischer Staaten sowie Islamisten sitzen. Mitglieder der ersten konstituierenden Versammlung des Gründungsrates waren islamistische Vordenker wie Abu l-Hassan al-Nadwi und Abu l-A'la al-Mawdudi oder auch der Muslimbruder

Saʿid Ramadan. Zum anderen laufen im Generalsekretariat die Fäden der internationalen Arbeit zusammen, und hier wird die Kooperation mit anderen Organisationen geregelt. Obwohl das Generalsekretariat vor diesem Hintergrund den Auslandsbüros gegenüber weisungsberechtigt ist, können bestimmte Kompetenzen an eines der Regionalbüros abgeben werden, um möglichst adäquat gegenüber der Situation vor Ort agieren zu können. So wurde z. B. dem Büro in Amman in der Vergangenheit mehrmals die Möglichkeit gegeben, seine Arbeit in den palästinensischen Gebieten relativ selbständig zu gestalten.

Welche Ausmaße und welchen Wirkungsgrad hat die Arbeit der Weltliga tatsächlich? Das vorhandene Zahlenmaterial erlaubt hierzu unterschiedliche Aussagen, lässt sich aber in etwa wie folgt zusammenfassen: Weltweit unterhält man über dreißig Büros, mindestens fünf große Islamzentren in Europa sowie zahlreiche Bildungseinrichtungen. Ungefähr tausend Personen arbeiten in 94 Ländern als Prediger für die Weltliga. Zudem kann die Organisation auf die Auslandsbüros ihrer Unterorganisationen zurückgreifen, allein die *International Islamic Relief Organization* (IIRO) unterhält achtzig solcher Büros. Wie viele Moscheen, kleinere Kulturzentren etc. vollständig oder teilweise durch die Weltliga getragen und damit auch durch sie kontrolliert werden, ist schwer zu beurteilen. Saudi-Arabien unterhält weltweit über 1.500 Moscheen und 210 Kulturzentren. Auch wenn die Weltliga nicht an jeder dieser Einrichtungen beteiligt sein muss, so geben sie einen ungefähren Eindruck ihrer starken weltweiten Präsenz. In den USA ist sie *der* Hauptsponsor von Moscheen und Imamen. Gleichzeitig sind die saudischen Botschaften im Dienste der Weltliga aktiv, die ihrerseits immer wieder diplomatische Aufgaben für den saudischen Staat erledigt hat. Die Mitarbeiter einiger Auslandsbüros sind vorsichtshalber mit einem Diplomatenstatus ausgestattet. Auch die Arbeit der saudischen Botschaften steht derzeit in der Kritik. So fanden sich im Jahr 2003 auf der Webseite des *Islamic Affairs Department* der Botschaft in Washington Texte, die für eingeschränkte Frauenrechte plädierten, Polygamie rechtfertigten, antiwestliche Hetze betrieben und den Märtyrertod verherrlichten.

Es wurde bereits erwähnt, dass sich Saudi-Arabien über die Islamische Weltliga weltweit im Bildungssektor engagiert. Grundlage dieser Aktivitäten sind die islamischen Universitäten in Saudi-Arabien, wie z. B. die Islamische Universität Medina oder die *Imam Ibn Saʿud*-Universität. Die Islamische Universität in Medina wurde sogar mit dem ausdrücklichen Ziel gegründet, *Daʿwa*-Aktivisten für den Diasporakontext auszubilden. Die an den genannten Universitäten ausgebildeten Muslime werden vorzugsweise an die Bildungseinrichtungen der Weltliga im Ausland entsandt. Die Bildungsprofile hochrangiger Mitarbeiter der Weltliga zeigen, dass die meisten von ihnen Absolventen dieser Hochschulen sind, die über gut organisierte Stipendiensysteme muslimische Studenten aus aller Welt anziehen. Gleichzeitig unterhält die *Imam Ibn Saʿud*-Universität Zweigstellen in so unterschiedlichen Staaten wie Indonesien, Japan, Mauretanien, Dschibuti und den USA. In diesen Zweigstellen werden nicht nur Sprachkurse angeboten, um auf ein späteres Studium in Saudi-Arabien vorzubereiten, sondern auch Kulturkundekurse, die die „wahre islamische Identität" vermitteln sollen. Außerhalb Saudi-Arabiens bewegt sich die Bildungsarbeit der Weltliga auf verschiedenen Ebenen, wobei beabsichtigt ist, möglichst umfassende parallele Bildungsstrukturen aufzubauen, daneben aber auch auf staatliche Lehrpläne und Lehrbücher Einfluss zu nehmen. So bietet sich in Ländern, in denen die Religionsgemeinschaften staatliche Curricula ergänzen dürfen, die Möglichkeit, das eigene Islambild durchzusetzen: Dies ist beispielsweise in Neuseeland der Fall, wo die Weltliga in Zusammenarbeit mit der WAMY genau hieran ganz legal arbeitet. Ebenso ist es Ziel des Europäischen Moscheerates mit Sitz in Brüssel, eine europaweite Vereinheitlichung des Arabisch- und Kulturkundeunterrichts an privaten Bildungseinrichtungen zu erwirken. Das erste private islamische Lycée Frankreichs wird, auf Umwegen, durch die Saudis finanziert und der Universität London hat man den König Fahd-Lehrstuhl für Islamische Studien gestiftet. Seit 2002 unterhält die Weltliga an der Universität Birmingham das Zentrum für islamisch-erziehungswissenschaftliche Forschung, dessen Studiengänge sich primär an die muslimische Minderheit in Großbritannien richten. Ein aktuelles Großprojekt der Weltliga ist die Prinz Salman-Akademie in Bihać (Bosnien), in die bereits ein Betrag in Millionenhöhe geflossen ist. Diese Akademie orientiert sich primär am bosnischen Kontext. So will man durch sie den Bedarf an Lehrern für das Fach Schariakunde decken, das an Grund- und Mittelschulen neu eingerichtet worden ist. Ebenso werden Trainingskurse für Imame und Prediger angeboten, wobei das Kursprogramm neben rein religiösen Fächern auch Arabischkurse und Pädagogik umfasst. Das Lehrpersonal wurde in Saudi-Arabien, Ägypten und Jordanien rekrutiert. Doch mittel- und langfristig verfolgt man mit der Prinz-Salman-Akademie größere Ziele: Sie soll zum Ausgangspunkt für Missionierungsaktivitäten auf dem ganzen Balkan werden. Zudem möchte man auch Muslime aus Österreich und Deutschland für ein Studium oder einzelne Kurse anwerben.

Angesprochen wurde bereits, dass sich Saudi-Arabien intensiv darum bemüht, muslimische Studenten an islamischen Universitäten in Saudi-Arabien studieren zu lassen (Die Weltliga vergibt allerdings auch Stipendien für Studienaufenthalte außerhalb des Königreichs.). Doch nicht jeder Kandidat wird unbesehen genommen. So verlässt man sich beispielsweise in Europa auf gut organisierte Auswahlverfahren, die über die saudischen Botschaften, über Einzelpersonen oder bestimmte islamistische Gruppierungen abgewickelt werden. In letzterem Falle wurde 2001 in Frankreich zunächst an einschlägigen Moscheen für das anstehende Auswahlverfahren Werbung gemacht, um dann auf einem größeren Treffen unter der Aufsicht der zur Weltliga gehörenden – 2004 aufgelösten – *Haramain*-Stiftung die Stipendien endgültig zu vergeben. Allein im Großraum Paris fanden sich 500 Kandidaten. Über die Vergabe von Stipendien werden auch oftmals nichtwahhabitische Moscheen dem saudischen Einflussbereich einverleibt. Man kauft sich mit großzügigen Spenden in ein geeignetes Objekt ein, entsendet einen Imam, der nach geeigneten Kandidaten für ein Studium in Saudi-Arabien sucht, die dann nach ihrer Rückkehr den saudischen Einfluss endgültig festigen sollen. In bestimmten Fällen greift die saudische Führung aber auch auf

Strukturen außerhalb der Weltliga zurück. So ließ der saudische Prinz Turki al-Faisal 1980 die Islamische Universität in Islamabad mit Hilfe der OIC gründen, wobei ihm die unter dem damaligen Präsidenten Zia ul-Haq in Pakistan betriebene Islamisierungspolitik entgegenkam. An der langfristigen Finanzierung beteiligte sich neben Saudi-Arabien und Pakistan auch der malaysische Staat. Ebenso flossen über die Weltliga sowie über saudische Stiftungen und Universitäten Gelder nach Islamabad. Insbesondere die Gehälter nichtpakistanischer Professoren und die meisten Stipendienprogramme wurden aus dem Ausland finanziert. 1985 erhielt die Universität eine eigene *Da'wa*-Akademie, die mit etwa dreißig verschiedenen islamischen Institutionen kooperiert. Diese Akademie (sowie die Universität insgesamt) versucht insbesondere in Zentral- und Südostasien Einfluss zu gewinnen bzw. ihn auszubauen. Während des Afghanistan-Krieges wurde die Islamische Universität in Islamabad zur Anlaufstelle für zahlreiche arabische Dschihadisten auf ihrem Weg in Pakistans Nachbarland. Der Vordenker des Dschihads in Afghanistan Abdallah Azzam, oft auch als der „Lehrer Bin Ladens" bezeichnet, war an dieser Universität zeitweise als Professor tätig. Bis heute besteht ein beträchtlicher Teil ihrer Absolventen aus bekennenden und aktiven Islamisten.

Blickt man auf Ideologie und Projekte der Weltliga, ihre Verquickung mit dem saudischen Staat und ihre Kontakte zu zahlreichen, teils radikalislamistischen Gruppen, so stellt sich die Frage nach dem Sinn und den Möglichkeiten der Zusammenarbeit des Westens mit einer solchen Organisation. Auf die nach dem 11. September 2001 aufgekommene Kritik hat die Weltliga Anfang 2005 mit der Einrichtung einer neuen Organisation mit dem Namen *The International Organization for Introducing Islam* reagiert. Sie soll auf internationaler Ebene ein Islambild verbreiten, das Sicherheit und Frieden, den Schutz der Menschenrechte sowie eine gemeinsame menschliche Zivilisation in den Vordergrund stellt. Im Rahmen der Gründung der Organisation, die übrigens in großem Maße auf die um die islamischen Universitäten in Saudi-Arabien entstandenen internationalen Netzwerke aufbauen soll, wurde erstmals eine

mögliche Rolle der Weltliga beim Erstarken des weltweiten islamistischen Extremismus angesprochen. Dazu erklärte Yahya Ibrahim al-Yahya, der Vorsitzende des Gründungskomitees, dass Einzelpersonen Fehler begangen hätten. Einige Organisationen hätten
bestimmte Mängel aufgewiesen oder wären ihrer Verantwortung
nicht in vollem Umfang nachgekommen. Über solch allgemeine
Aussagen ging man jedoch nicht hinaus. Ob die neue Organisation einen wirklichen Kurswechsel bedeutet, ist eher zweifelhaft.
Wahrscheinlich ist sie nur ein neuer Teil eines Netzwerks, das un-
terschiedlichste Methoden zur Erreichung ihres Ziels einer weltweiten Islamisierung benutzt.

3.3 Unter- und Zweigorganisationen

Neben den dargestellten engen Verbindungen zwischen der Islamischen Weltliga und dem saudischen Staat sowie den weltweiten
Aktivitäten, die gemeinsam über Moscheen, Islamzentren und
verschiedene andere Institutionen betrieben werden, gehören zur
Islamischen Weltliga verschiedene Unterorganisationen, die meist
eigene internationale Strukturen unterhalten und in den Bereichen
humanitäre Hilfe, Bildung und Medien aktiv sind. Gleichzeitig
existieren eine Reihe von NGOs bzw. Stiftungen, die zwar nicht offiziell mit der Weltliga verbunden sind, aber auf mehreren Ebenen
in engem Kontakt mit ihr stehen. Im Folgenden sollen die wichtigsten Organisationen dieses Spektrums vorgestellt werden. Um
aber deren Strategien und Aktivitäten verstehen zu können, sind
vorab einige allgemeine Informationen notwendig. Die separaten
Organisations- und Verwaltungsstrukturen sollten nicht darüber
hinwegtäuschen, dass in der Praxis die verschiedenen Infrastruk-
turen recht flexibel miteinander kombiniert werden. Innerhalb der
einzelnen Unterorganisationen sind zentrale Arbeitsbereiche oft
nicht klar voneinander getrennt, *fundraising* und Projektarbeit beispielsweise gehen oft ineinander über. Zudem verbindet all diese
Organisationen – obwohl sie sich teilweise als NGOs bezeichnen
– eine große Nähe zum saudischen Staat. Dies hat unweigerlich
zur Folge, dass sie untrennbar mit der saudischen Außenpolitik

verbunden sind, was am Beispiel Albanien recht anschaulich verdeutlicht werden kann: Als dort ab 1992 zentrale staatliche Strukturen zusammenbrachen, sah man die Möglichkeit, das mehrheitlich muslimische Land nach den eigenen Vorstellungen zu prägen. So wurden beispielsweise mit Hilfe verschiedener NGOs wahhabitische Prediger nach Albanien geschickt, 200 Moscheen aufgebaut und eine Million Koranexemplare auf Albanisch verteilt, die König Fahd aus seiner Privatschatulle bezahlt hatte. Gleichzeitig halfen die saudischen Organisationen dabei, ägyptischen Dschihadisten Zuflucht und Arbeitsmöglichkeiten im Lande zu verschaffen. Bei solchen Unternehmungen stehen die Saudis natürlich auch immer in Konkurrenz zu den Netzwerken anderer Staaten der islamischen Welt wie Iran, dem Sudan oder der Türkei. Den meisten dieser Netzwerke sind die Saudis allerdings organisatorisch und vor allem finanziell deutlich überlegen.

Um in Krisengebieten möglichst schnell und möglichst effektiv präsent sein zu können, haben die Saudis zudem eine Reihe von Organisationen und Komitees gegründet, die vor allem auf logistische Tätigkeiten spezialisiert sind. Diese vermeintlichen NGOs waren meist die Speerspitze saudischer Einflussnahme in Krisengebieten wie Bosnien, dem Kosovo oder Afghanistan. Manche dieser Organisationen sind wohl nur mit Blick auf einen bestimmten Krisenherd gegründet worden, bei anderen ist unklar, ob sie noch aktiv sind und – wenn ja – in welcher Weise. Im Gegensatz zur Weltliga pflegen diese Organisationen keinerlei offene Internetpräsenz und besitzen auch keine eigenen Publikationsorgane, man hält sich insgesamt sehr bedeckt. So wurde die *Wafa*-Organisation (*wafa'* arab. für Erfüllung/Vollendung) nach dem 11. September von den USA als Organisation mit Kontakten zu Terroristen geführt. Die Saudis gaben aber an, sie sei überhaupt nicht mehr existent und hätte ohnehin nicht von Saudi-Arabien aus gearbeitet. Die Amerikaner meinen jedoch, dass diese Organisation zur bewussten Täuschung als aufgelöst dargestellt wird, um in aller Ruhe die aufgebauten Kontakte zu terroristischen Gruppen weiter pflegen zu können.

Die *International Islamic Relief Organization* (IIRO) ist eine
der wichtigsten Unterorganisationen der Islamischen Weltliga.
Die 1978 gegründete IIRO, die auch Mitglied der UNO-Organisa-
tionen UNHCR und ECOSOC ist, verbindet in ihren Aktivitäten
humanitäre Hilfe und den Aufbau von Moscheen und Bildungseinrichtungen mit anderen *Da'wa*-Aktivitäten. „Direkte Hilfe und
die Bewahrung der islamischen Identität" sollen nach Aussage der
Organisation Hand in Hand gehen. Um dies zu erreichen, unterhält man neben dem Hauptsitz in Dschiddah (und weiteren 46 Büros in Saudi-Arabien) 80 Vertretungen weltweit, wobei diese wohl
teilweise in Kooperation mit anderen islamischen Organisationen
betrieben werden. In einzelnen Ländern ist man lediglich in Form
einzelner Projekte präsent. Derzeit erstrecken sich die Aktivitäten
der IIRO auf insgesamt 91 Staaten. Diese Aktivitäten umfassen den
Unterhalt von Waisenhäusern in 56 Staaten, Infrastrukturprojekte,
26 Schulen (1998), den Auf- und Ausbau von 3.800 Moscheen und
die Entsendung von über 6.000 Muezzinen. Die weltweite Unterstützung von islamischen Bildungsaktivitäten lässt man sich mehrere Millionen Dollar kosten. Das zentrale Entscheidungsgremium
der IIRO ist der Verwaltungsrat, der alle wichtigen Entschlüsse
fasst und die Linien der Arbeit entwirft. Der amtierende Generalsekretär der Weltliga ist automatisch der Vorsitzende des IIRO-Ver-
waltungsrates.

Eine weitere Unterorganisation der Weltliga ist der Weltrat der
Moscheen, der für Bau, Ausstattung und Pflege von Moscheen zuständig ist. Diese Arbeit wird kombiniert mit zahlreichen weiteren
Aktivitäten wie Trainingskursen für Imame oder der Verbreitung
eigener Publikationsorgane, wobei der Schwerpunkt der Arbeit in
der islamischen Diaspora liegt. Daher erstaunt es auch kaum, dass
die Einrichtung eines Satellitenkanals, der sich ausschließlich Mis-
sionszwecken widmen soll, derzeit in Planung ist. Der mit eigenen
Fonds ausgestattete Weltrat unterhält weltweit mehrere Ableger,
wie z. B. den Europäischen Moscheerat in Brüssel, die sich vor allem um die Einflussnahme auf Bildungsstrukturen bemühen, sei es

mit Blick auf private islamische Einrichtungen, sei es in Bezug auf das Islambild, das an öffentlichen Schulen vermittelt wird.

Die ebenfalls zur Weltliga gehörende *Haramain*-Stiftung hat die Ermittlungen in Folge des 11. September nicht überstanden und wurde 2004 aufgelöst. Bis dahin war sie allerdings eine der aktivsten saudischen Organisationen, die neben ihrem Hauptsitz in Riyad weltweit 55 Büros unterhielt, 1.100 Moscheen einrichtete, 3.000 Muezzine pro Jahr entsandte und 13 Millionen Bücher zu religiösen und politischen Themen drucken ließ. Darüber hinaus verteilte die Stiftung 22.000 Kopftücher, unterhielt Schulen für mindestens 30.000 Schüler und leistete in Krisengebieten humanitäre Hilfe. Innerhalb der arabischen Welt war die *Haramain*-Stiftung oftmals in Randgebieten präsent, in denen die Arabische Liga und ihre Unterorganisationen keinen Anlass für ein größeres Engagement sahen, so z. B. auf den Komoren. Doch der Stiftung wurden ihre zahlreichen Kontakte zu terroristischen Organisationen zum Verhängnis. Diese waren eindeutig zu belegen und hatten ein Ausmaß erreicht, das es Saudi-Arabien unmöglich machte, dem internationalen Drängen auf eine Auflösung nicht nachzugeben. Was allerdings aus den aufgebauten Strukturen werden wird, die weiter existieren, bleibt abzuwarten.

Die *World Assembly of Muslim Youth* (WAMY) ist zwar keine Unterorganisation der Islamischen Weltliga, unterhält aber zahlreiche Kontakte zur Weltliga und ist ihr zweifellos ideologisch verbunden. Noch enger sind die direkten Beziehungen zum saudischen Staat, auf dessen Initiative sie 1972 gegründet worden war. Ziel der Organisation ist es, „die Identität junger Muslime zu bewahren" und Strukturen zu schaffen, die sicherstellen, dass niemand – egal wo auf der Welt – die eigene islamische Kultur aufgeben muss. Gleichzeitig will man junge Menschen anderen Glaubens zum Islam bekehren. In der Praxis nimmt die WAMY zum einen eine Koordinationsfunktion für islamische Jugend- und Studentenverbände aus der ganzen Welt ein, zum anderen betreibt man eigene Projekte in Form von Schulen, Waisen- und Krankenhäusern.

Im Jahre 2002 unterhielt die WAMY weltweit 123 Schulen, weitere 103 waren in Planung. Über die Vergabe von Stipendien für saudische Hochschulen versucht man zudem, die „islamische Elite von morgen" zu formen. Um die internationale Arbeit möglichst effektiv zu koordinieren, wurde die Welt in zwölf Zonen aufgeteilt, in denen entsprechende Komitees dafür zuständig sind, die geplanten Aktivitäten im jeweiligen regionalen und lokalen Kontext umzusetzen. Doch die Arbeit der WAMY gestaltet sich letztendlich recht undurchsichtig. Über die Mutterorganisation und die verschiedenen Regionalkomitees arbeitet man nämlich mit verschiedenen kleineren Organisationen und auch mit Einzelpersonen zusammen, die dann nach außen meist als alleinige Träger der Aktivitäten und Projekte auftreten. Derzeit besteht mit 500 Gruppen und Einzelpersonen in 55 Ländern eine solche Zusammenarbeit. Zudem stößt man auf WAMY-Abteilungen, die durch die Betonung allgemein humanitärer Ziele ihre tatsächlichen Aktivitäten verbergen. Dies betrifft beispielsweise das Palästina-Komitee, das offiziell palästinensische Waisenkinder, Jugendliche und Studenten unterstützt. In der Praxis wird es aber vor allem genutzt, um Spendengelder direkt an die Hamas weiterzuleiten, zu der man über enge Kontakte verfügt. Die geographischen Schwerpunkte der WAMY-Arbeit umfassen neben den USA und Europa auch die Nachfolgestaaten der früheren Sowjetunion und Kaschmir. Überall dort, wo diese Organisation aktiv ist, versucht sie dem eigenen, islamistischen Islambild Geltung zu verschaffen, sei es in Form konkreter Projekte, sei es in Form zahlreicher Bücher, Zeitschriften, Kassetten und Videos, die z. T. voller antijüdischer Propaganda sind und den Märtyrertod verherrlichen. Terrorismus wird durch die Unterdrückung der islamistischen Bewegung im und durch den Westen begründet. Das Kopftuchverbot an französischen Schulen wird als Zeichen für eine generelle Islamfeindschaft verstanden.

Eine besonders enge Verbindung besteht zwischen der WAMY und der *International Islamic Federation of Student Organizations* (IIFSO), die ursprünglich auf eine Idee in Nordamerika ansässiger Aktivisten zurückgeht. Die IIFSO ist fester Bestandteil des

Spektrums von Organisationen, in denen saudisches Geld und der Muslimbruderschaft zuzurechnende Funktionäre aufeinander treffen. Sie unterhält enge Kontakte zur Islamischen Weltliga und zur WAMY, in deren Aufsichtsgremium der Generalsekretär der IIFSO stets vertreten ist. Besonders in wirtschaftlicher Hinsicht hat sich diese Zusammenarbeit bezahlbar gemacht. Als sich die IIFSO eine solide eigene Finanzbasis verschaffen wollte, kam man auf die Idee, religiöse Literatur in den verschiedenen Sprachen der islamischen Welt zu vertreiben. Im Laufe der Jahre wurden 500 Titel in elf Millionen Exemplaren herausgegeben. Lukrativ wurde dieser Buchhandel auch dadurch, dass sich die WAMY bei der weltweiten Ausstattung von Bibliotheken durch ihre zahlreichen Kooperationspartner vor allem auf die Veröffentlichungen der IIFSO stützte.

Es besteht kein Zweifel daran, dass die WAMY Kontakte zu extremistischen Gruppen unterhält und durch *Al-Qaʿida* unterwandert worden ist, wahrscheinlich auf dem Umweg über andere islamische Organisationen (z. B. die IIRO). Dabei bleibt unklar, wem in der WAMY-Führung diese Unterwanderung wann bewusst wurde. Fest steht in jedem Fall, dass im Rahmen der zahlreichen Camps, die die WAMY weltweit veranstaltet, immer wieder Freiwillige für den bewaffneten Kampf ausgewählt und rekrutiert worden sind. Im Gegensatz zur *Haramain*-Stiftung ist die WAMY weiterhin offiziell aktiv.

Um das Gesamtbild zu vervollständigen: International aktive saudische Stiftungen sind natürlich nicht zwangsläufig mit dem saudischen Staat verbunden. Die *Muwaffaq*-Stiftung, wurde beispielsweise durch den saudischen Geschäftmann Yassin Qadi gegründet. Auch wenn sie nach außen hin als karitative NGO auftrat, diente sie meist islamistischen Extremisten als Tarnorganisation. Kontakte bestanden zu Gruppen wie *Al-Qaʿida* oder Hamas. Aktivitäten der Stiftung lassen sich auch für Europa, u. a. für Frankreich, nachweisen. So tauchte sie nach dem 11. September auch auf der amerikanischen Liste der Organisationen auf, die einer Zusammenarbeit mit Terroristen verdächtigt werden. Ihre derzeitigen Aktivitäten sind nicht bekannt.

3.4 Finanzen

Im Gegensatz zur OIC, die sich über die Beiträge ihrer Mitgliedsstaaten finanzieren kann, beruhen die Budgets der Islamischen Weltliga und der mit ihr mehr oder weniger eng verbunden NGOs normalerweise auf einer Mischfinanzierung, die neben festen staatlichen Zuwendungen auch Spenden von Privatpersonen und Einkünfte aus Investitionen umfasst. Im Laufe der neunziger Jahre haben die öffentlichen Gelder tendenziell eher abgenommen, während sich private Spender stärker engagierten. Es bleibt allerdings abzuwarten, wie sich das Verhalten privater Spender angesichts der derzeitigen umfassenden Beobachtungen der internationalen islamischen Finanzströme entwickeln wird. Vielfach lässt sich eine deutliche Zurückhaltung erkennen, internationalen islamischen Organisationen größere Finanzmittel zukommen zulassen. Allerdings sollte im Zusammenhang möglicher Spendenrückgänge nicht vergessen werden, dass die betroffenen Organisationen um die Jahrtausendwende über etwa 230 Milliarden Dollars verfügten.

Der saudische Staat ist natürlich nicht nur an der Kontrolle der eigenen Beiträge zur Finanzierung der verschiedenen Organisationen interessiert. So ist von einem unter der Aufsicht der Monarchie stehenden Fonds die Rede, in den zunächst alle Spenden an saudische Wohlfahrtsorganisationen eingezahlt werden müssen, damit ihr Volumen und ihre Verwendung im Auge behalten werden können. Neben einem festen durch den saudischen Staat finanzierten Haushalt profitiert die Islamische Weltliga vor allem von zahlreichen Spenden der Mitglieder des Königshauses. Prinz Salman ist bekannt für seine Großzügigkeit gegenüber der Islamischen Weltliga. Zum Teil gelangen diese Gelder direkt an die Organisation oder laufen zunächst über das *Awqaf*-Ministerium (Ministerium für religiöse Stiftungen). Sie sind nicht immer an einen bestimmten Zweck oder ein bestimmtes Projekt gebunden, wobei natürlich die Mitglieder des Königshauses nicht exklusiv an die Weltliga spenden, sondern ihr Geld verschiedenen islamischen und islamistischen Institutionen und Gruppierungen auf der ganzen Welt zukommen lassen. Gleichzeitig sind die saudischen Prinzen bei weitem nicht die einzigen Privatspender, die die Weltliga unterstützen. Angesichts der nach dem 11. September laut gewordenen Forderung, sich einen genauen Überblick über die eigene Spendergemeinschaft zu verschaffen, zieht sich die Weltliga allerdings immer wieder auf das Argument zurück, dass diese durch ihre Größe und durch den privaten Charakter der Spenden nicht vollständig überblickbar und somit auch nicht kontrollierbar sei.

Für eine gewisse Unübersichtlichkeit sorgt zudem die Tatsache, dass die Weltliga nicht all ihre Projekte in alleiniger Trägerschaft betreibt und somit auch nicht alleine finanziert. So wird beispielsweise die *King Faisal University* im Tschad durch eine religiöse Stiftung getragen, deren Einlagen sowohl von der Weltliga als auch von einer kuwaitischen NGO stammen.

Die *International Islamic Relief Organization* (IIRO), eine der wichtigsten Unterorganisationen der Weltliga, finanziert ihre weltweiten Büros durch eine Kombination aus Spenden, saudischen Regierungsgeldern, den Gewinnen aus eigenen Investitionen und über religiöse Stiftungen. Die Finanzen der IIRO werden durch eine eigene Tochtergesellschaft mit dem Namen *Sanabil al-Khir* (wörtl. Ähren des Guten) verwaltet. Auf die deutliche Kritik an den internationalen Aktivitäten der IIRO hat man allerdings nicht wie im Falle der *Haramain*-Stiftung mit einer Schließung der Organisation reagiert, sondern präsentierte 2004 ein Konzept einer deutlich verbesserten Kontrolle der Herkunft, der Weitergabe und der endgültigen Verwendung der eingegangenen Spenden. So sei die Einzahlung von Spenden in Saudi-Arabien nur noch über offizielle Banken möglich und die Entgegennahme von Spenden im Ausland über die saudischen Botschaften oder eigene Büros werde genau beobachtet. Zudem müssten detaillierte Berichte über die Zusammensetzung des Budgets der Organisation erstellt werden. Außerdem habe man eine eigene Abteilung für Finanzaufsicht gegründet. Obwohl deutlich erkennbar ist, dass man sehr genau um die derzeitige Überwachung der internationalen Finanzströme weiß, bleibt abzuwarten, ob dies dauerhaft zu transparenten Strukturen führen wird. Bislang waren allerdings andere Golfstaaten wie

Qatar oder die Vereinigten Arabischen Emirate bei der Überwachung suspekter Geldströme schneller und vor allem effizienter als Saudi-Arabien.

Andere Organisationen wie die WAMY finanzieren sich ähnlich wie die IIRO. Selten findet man allerdings nähere Angaben dazu, wo denn offensichtlich gewinnbringend das eigene Geld investiert wird. Die WAMY gibt beispielsweise lediglich bekannt, dass man nur in Projekte investiere, die mit den eigenen Zielen vereinbar seien. Im Falle der König-Faisal-Stiftung sind mehr Informationen bekannt geworden: Das verfügbare Investitionsvolumen von 190 Millionen Dollar wird über eine eigene Zweiggesellschaft vor allem in Grundstücke, Immobilien und Hotels gesteckt, die teils gewinnorientiert, teils gemeinnützig arbeiten.

Die dargestellten Finanzstrukturen kommen natürlich nicht ohne Banken aus, die die notwendige Verwaltung und Lenkung der vorhandenen Geldströme übernehmen. So besitzt die zur OIC gehörende *Islamic Development Bank* eine eigene Abteilung für islamische NGOs. Für die Finanzierung des saudischen Netzwerks internationaler islamischer Organisationen ist allerdings eine andere Bank viel wichtiger: Das *Dar al-Mal al-Islami* (DMI, arab. für Haus des islamischen Geldes). Hinter dieser Bank, die 1981 gegründet wurde und mittlerweile weltweit Zweigstellen besitzt, stehen Investoren aus Saudi-Arabien und den Vereinigten Arabischen Emiraten. Einer der Hauptaktionäre ist die eben erwähnte König-Faisal-Stiftung. Die Kontakte zur *Taqwa*-Bank sind sehr eng, auf den Bahamas teilt man sich ein und denselben Firmensitz. Zudem hält das DMI Aktien der *Taqwa*-Bank. Doch im Gegensatz zur *Taqwa*-Bank, deren Gelder ab 2001 eingefroren wurden, kann das DMI weiterarbeiten. Dabei ist es in die Finanzierung weltweiter islamischer und islamistischer Aktivitäten grundsätzlich genauso eingebunden wie die *Taqwa*-Bank oder auch die 1982 ebenfalls auf eine saudische Initiative hin gegründete *Baraka*-Bank.

Die Anleger des DMI sind verpflichtet, die auf der Basis ihres eigenen Kapitals berechnete islamische Pflichtabgabe (*zakat*) an die Bank zu zahlen. 1999 waren dies mehr als zwei Millionen Dollar.

Man weiß, dass dieses Geld auch in Europa in islamische und islamistische Aktivitäten fließt. Wer genau es zu welchen Zwecken erhält, ist unklar, die Bank hüllt sich in Schweigen. Dass *zakat* zu solchen Zwecken aus islamrechtlicher Sicht legal verwendet werden kann, geht auf die Rechtsgelehrten Abu Hanifa und al-Shafiʿi zurück. Ursprünglich sollte diese Geldquelle in erster Linie zur Unterstützung Bedürftiger eingesetzt werden. Doch Abu Hanifa und al-Shafiʿi sprachen sich dafür aus, *zakat* gleichfalls für Aktivitäten zu verwenden, die im weitesten Sinne mit der Verbreitung des Islams, d. h. mit *daʿwa* zu tun haben. Eingenommene Gelder können so problemlos auch an radikale Gruppen weitergereicht werden. *Zakat* wird also in dem hier geschilderten Kontext zu einem recht ambivalenten Phänomen.

Eine relativ neue Form der Spendensammlung für islamistische Gruppen scheint sich im Internet zu entwickeln. So tauchte im März 2000 eine Webseite der *Omega Relief Foundation* (ORF) auf, über die Gelder für den Dschihad in Tschetschenien gesammelt werden sollten. Zwar präsentierte sich die Organisation als voll funktionierende auch im karitativen Bereich aktive NGO, allerdings ließen sich über ihren Internetauftritt weder konkrete Strukturen ausmachen, noch konnten die genannten Aktivitäten tatsächlich verortet werden. Jedoch lobte eine dschihadistische Webseite die ORF als besonders ehrenwerten Spendenempfänger. Die Webseite verschwand nach ungefähr einem Jahr wieder. Höchstwahrscheinlich handelte es sich um ein rein virtuelles Unternehmen. Ob und wie viele Gelder tatsächlich für den Dschihad im Kaukasus eingeworben werden konnten, muss offen bleiben. Mit Blick auf die Zukunft ist die Berücksichtigung solcher „virtueller" Aktivitäten und Geldsammelaktionen aber zweifellos von Bedeutung.

3.5 Sonstige islamische Nichtregierungsorganisationen

Die Islamische Weltliga hat es bislang nicht geschafft, sich als Dachverband aller international aktiven islamischen und islamistischen Organisationen durchzusetzen. Zahlreiche NGOs bleiben außerhalb des Einflussbereichs der Weltliga oder sind nur äußerst lose mit ihr verbunden. Doch auch gegen diese Organisationen sind seit dem 11. September 2001 zahlreiche Vorwürfe laut geworden, die sich oftmals im Laufe gezielter Ermittlungen bestätigt haben. Dies hängt mit bestimmten Strukturen zusammen, die die Nutzung oder Unterwanderung islamischer NGOs durch radikalislamistische Elemente entschieden erleichtert haben: Die Adressen humanitärer Organisationen konnten durch terroristische Gruppierungen benutzt werden, Belege und Quittungen wurden gefälscht und um Gelder zu waschen, die normalerweise auf einer Vielzahl von Einzelkonten lagerten, wurden Beträge, die an Extremisten geflossen waren, bspw. als Baukosten für eine Schule abgerechnet. Die durch die NGOs betriebenen Moscheen, Bildungseinrichtungen und Verbände wurden durch Dschihadisten zur Rekrutierung von Freiwilligen genutzt und danach zu Knotenpunkten extremistischer Netzwerke aufgebaut. Die Betätigungs- und Einflussmöglichkeiten nichtstaatlicher Akteure waren also äußerst vielfältig. Augrund der Ablehnung des *Red Cross Code of Conduct* durch islamische Organisationen war der humanitäre Sektor in keiner Weise an internationalen Maßstäben messbar und nicht reglementiert. An der Ablehnung des *Red Cross Code of Conduct* hat sich übrigens bis heute nichts geändert.

Zudem kann man sich weiterhin auf eine Reihe wohlgesonnener Banken wie das *Dar al-Mal al-Islami* oder die *Beirut Riyad Bank* verlassen. Lediglich die Aktivitäten der *Taqwa*-Bank sind derzeit auf Eis gelegt. Die NGOs sind angesichts eines jährlichen Spendenaufkommens, das trotz der seit dem 11. September zurückgegangenen Spendenbereitschaft allein in der arabisch-islamischen Welt immer noch bei 500 Millionen Dollar im Jahr liegt, ein attraktiver Partner. Seitens vieler NGOs besteht gerade zu den Banken mit islamistischen Sympathien ein besonderes Vertrauensverhältnis, eine gemeinsame oder zumindest ähnliche Weltsicht erleichtert eine Kooperation der verschiedenen Akteure.

Gleichzeitig bleibt festzuhalten, dass in vielen Fällen nicht genau zu klären ist, wer in welcher Organisation aktiv oder passiv die Einflussnahme durch Extremisten unterstützt hat. Auch können viele NGOs von außen nicht eindeutig als islamistisch oder nicht-islamistisch erkannt werden, zu sehr werden ihre allgemeinen Ziele auch von ganz normalen Gläubigen geteilt, zu wenig ist über ihre inneren Strukturen bekannt. Berücksichtigt man, dass allein in den Golfstaaten 360 NGOs registriert sind (zum Vergleich: nach dem 11.9. wurden die Konten von ungefähr 200 Personen und Organisationen eingefroren oder beschlagnahmt), kann man ohnehin kaum ein vollständiges Bild zeichnen. Ernstzunehmende Schätzungen gehen davon aus, dass mindestens ein Drittel aller islamischen NGOs in Verbindung zu radikalen und terroristischen Gruppen stehen, worüber sich vor dem 11. September 2001 einige Organisationen teilweise in aller Öffentlichkeit voller Stolz gebrüstet haben. Doch die Kritik an den Strukturen vieler islamischer NGOs ist keineswegs auf europäische und amerikanische Ermittler und Beobachter beschränkt. In der islamischen Welt selbst wird das Thema diskutiert und die Verbindung von politisch-ideologischer Agitation und humanitärer Hilfe als problematisch erkannt. Es werden Vorwürfe laut, man habe in der Vergangenheit falsche Prioritäten gesetzt und die rein karitative Arbeit in den Hintergrund treten lassen. Ebenfalls hätten sich die NGOs nach außen oft zu wenig transparent gezeigt und ihre Arbeit nicht adäquat dokumentiert. Zudem wird kritisiert, dass die Organisationen nur diejenigen bei sich beschäftigen, die sich ihrem jeweiligen Islamverständnis vollständig anpassen. Auch wenn sich solche Kritiker immer wieder anhören müssen, sie seien „Teil einer westlichen Verschwörung", bestehen keine Zweifel an der Richtigkeit ihrer Äußerungen. Gleichzeitig bringt die Mehrheit der Muslime islamischen Organisationen, die auf nationaler und internationaler Ebene humanitäre Arbeit leisten oder im Bildungsbereich engagiert sind, ein großes Maß an Respekt entgegen. Man sieht in ihnen eine beispielhafte Form praktizierter Gläubigkeit. Ihre Unterstützung bietet die Möglichkeit, dem eigenen Wunsch nach einem gottgefälligen Leben im Alltag nachzukommen. Entsprechend zögerlich ist man, Organisationen zu kritisieren, die sich aus der Sicht vieler Muslime ganz dem Dienst am Islam verschrieben haben.

Auch wenn die geäußerte Kritik an der Arbeit islamischer NGOs unter Muslimen also noch nicht mehrheitsfähig ist, verhallt sie nicht vollkommen ungehört. Einzelne NGOs versuchen durchaus – meist aus ganz pragmatischen Gründen – bestimmten Fehlentwicklungen entgegenzuwirken. Eine der in diesem Kontext zentralen Personen ist Hani al-Banna, der die Organisation *Islamic Relief* leitet, die ihren Sitz in London hat und in 27 Ländern aktiv ist. Angesichts zurückgehender Spenden, nachrichtendienstlicher Beobachtung und polizeilicher Ermittlungen hat er den Vorschlag gemacht, eine internationale Konferenz einzuberufen, um dort die Zukunft islamischer NGOs aus verschiedenen Perspektiven zu diskutieren. Dabei weist er immer wieder darauf hin, welches Sicherheitsrisiko die Schließung von NGOs vor dem Hintergrund des dadurch freiwerdenden Personals und der nicht mehr versorgten Krisengebiete darstellt. Gleichzeitig befürchtet er natürlich, dass die humanitäre Arbeit islamischer Organisationen insgesamt deutlich erschwert werden könnte. Obwohl die Idee einer solchen Konferenz international wohl auf Zustimmung stößt, gibt es derzeit keinerlei Hinweise auf eine konkrete Umsetzung. Al-Bannas zweiter Vorschlag, ein Koordinationsgremium zu schaffen, in dem islamische und nicht-islamische NGOs zusammenarbeiten, ist bereits endgültig am Widerstand der islamistischen Gruppen gescheitert. An den Initiativen des Chefs der *Islamic Relief* zeigt sich übrigens deutlich, dass Einzelne angesichts der derzeitigen Situation durchaus eine engere Zusammenarbeit mit den Regierungen suchen und zumindest einen Imagewechsel beabsichtigen. Denn die *Islamic Relief* ist keineswegs ein unbeschriebenes Blatt: Der hauptsächlich durch Gelder aus den Golfstaaten finanzierten Organisation ist in der Vergangenheit mehrfach vorgeworfen worden, an der Entsendung freiwilliger Kämpfer z. B. nach Bosnien oder Tschetschenien beteiligt gewesen zu sein. Viele Beobachter gehen aber davon aus, dass derzeit keine direkten Kontakte zu dschihadistischen Gruppen bestehen. Obwohl die Vorschläge al-Bannas noch nicht zu einer internationalen Konferenz geführt haben, kam zumindest ein Treffen mit arabischen Botschaftern in London zustande. Insbesondere seitens der arabischen Regierungen sieht man sehr genau das Konfliktpotential der derzeitigen Situation: So engagiert sich die kuwaitische Regierung angesichts geringerer privater Spenden und der möglichen Schließung einzelner Organisationen finanziell selbst wieder stärker im islamischen NGO-Sektor. Gerade in Kuwait wird deutlich, wie sehr dieses Thema die Innenpolitik vieler Staaten betrifft, denn die Islamisten werfen dort ihren politischen Gegnern vor, die Diskussion um die ambivalente Rolle vieler islamischer NGOs bewusst anzuheizen, um damit den religiösen Kräften zu schaden.

Auch wenn sich verschiedene Entwicklungen andeuten, die die weltweite Arbeit internationaler islamischer Organisationen zumindest in Teilen verändern werden, besteht kein Zweifel daran, dass eine Komponente grundsätzlich erhalten bleiben wird. Hierbei handelt es sich um die finanzielle Unterstützung aus den Golfstaaten und insbesondere aus Saudi-Arabien, sei es durch die Regierungen, sei es durch Privatpersonen. Unterstützung bekommt weiterhin nur, wer die Ideologie seiner Geldgeber teilt und mit ihren politischen und wirtschaftlichen Interessen übereinstimmt. Weltweite Aktivitäten im Sinne eines erzkonservativ-fundamentalistischen Islamverständnisses wird es also auch weiterhin geben.

Insgesamt entsteht zweifellos der Eindruck, dass Saudi-Arabien hinsichtlich des Umfangs des aufgebauten Netzwerks sowie mit Blick auf seine scheinbar unerschöpflichen finanziellen Ressourcen in der islamischen Welt ohne Konkurrenz ist. Lediglich einige andere Staaten der Golfregion können – wenn auch nicht im selben Maße – ähnlich aktiv sein. Dies heißt natürlich nicht, dass es außerhalb der Golfregion keine Staaten und Financiers gibt, die ebenfalls über die Verbindung von politischer, religiöser und karitativer Arbeit – neben dem Versuch, einem bestimmten Islamverständnis weltweite Dominanz zu verschaffen – ihre eigenen Interessen international durchsetzen wollen. So unterhält beispielsweise Libyen eine seit Anfang der siebziger Jahre international präsente *Daʿwa*-Organsiation, die Islamische Gesellschaft für *Daʿwa*-Arbeit. Ihre Mittel und Methoden sind mit denen der Islamischen Weltliga durchaus vergleichbar, wobei man bis zu Beginn der achtziger Jahre, als bestimmte organisatorische Veränderungen vorgenommen wurden, keine wirkliche Konkurrenz zu den saudischen Netzwerken darstellte.

Der geographische Schwerpunkt der Arbeit der Gesellschaft liegt auf Schwarzafrika. Ghaddafi hat diese Organisation, die seinen Einfluss in der islamischen Welt stärken soll, auch immer wieder dazu genutzt, seiner eigenen Ideologie weltweite Aufmerksamkeit zu verschaffen und, vor allem, um konkreten Einfluss auf Oppositionsgruppen in anderen Staaten zu nehmen.

4. Ausblick

Betrachtet man den derzeitigen Zustand der Muslimbruderschaft, so fällt auf, dass die Organisation zur Zeit eine prekäre Phase durchlebt. Ob ihr der Spagat zwischen internationalistischer Ausrichtung auf der einen Seite und dem jeweiligen nationalstaatlichen Kontext ihrer Arbeit auf der anderen Seite dauerhaft gelingt, ist ungewiss. Daher ist auch kaum vorherzusagen, ob sie als international agierender Machtfaktor eine Zukunft hat. Die gegenwärtige Situation wird als unbefriedigend wahrgenommen und Mitglieder der Muslimbruderschaft gestehen ein, dass sie 75 Jahre nach ihrer Gründung vom Ziel einer vollständigen und weltweiten Islamisierung von Gesellschaft und Staat noch weit entfernt sind. Gleichzeitig ist man aber durchaus stolz darauf, in den Staaten, in denen sich die Bruderschaft aktiv betätigen darf, die gesellschaftliche Entwicklung in Richtung einer umfassenden Islamisierung deutlich beeinflusst zu haben. Zudem konnte die Muslimbruderschaft bestimmte politische und militärische Konflikte im öffentlichen Bewusstsein großer Teile der islamischen Welt in einen von ihrer Ideologie geprägten Kontext stellen. Dies gelang ihr weit über die eigenen Reihen und das Sympathisantenumfeld hinaus. Auch tragen die Muslimbrüder massiv zur Propagierung und Festigung gängiger Feindbilder innerhalb und außerhalb der islamischen Welt („der Westen", „die Juden", „die Freimaurer") bei. In Jordanien geht man davon aus, dass 70% der Bevölkerung in der einen oder anderen Weise mit dem durch die Muslimbrüder repräsentierten islamistischen Spektrum sympathisieren. Allerdings sind solche Zahlen in ihrer tatsächlichen Bedeutung für die Arbeit der Organisation schwer zu interpretieren. Fest steht, dass die umfassende Mobilisierung der Massen durch die Muslimbrüder – trotz ihrer organisatorischen Stärke – gegenwärtig eher unrealistisch erscheint. Größere Protestaktionen wie die Demonstrationen im Vorfeld der ägyptischen Präsidentschaftswahlen 2005 gewinnen erst durch die Beteiligung weiterer politischer Oppositionskräfte ein deutliches Gewicht in der politischen Arena. Letztendlich wird die Muslimbruderschaft seitens der Mehrheit der Bevölkerung in den meisten arabischen Ländern mit zwiespältigen Gefühlen betrachtet. Einerseits sprechen sich bei Umfragen in der arabischen Welt 80% für eine Teilnahme der Muslimbruderschaft am politischen Leben aus, andererseits sieht man sie meist nicht als wirklich sinnvolle Alternative zu den derzeitigen Regierungen. Viele Sympathisanten des islamistischen Spektrums halten sie gegenüber gewaltbereiten Gruppierungen für immer weniger attraktiv. Zudem existiert auch eine große Zahl von Menschen in der arabischen Welt, die die Islamauslegung und Politik der Muslimbruderschaft stets mit deutlicher Kritik bedacht haben. Ihre Hauptforderung ist, dass die Muslimbrüder aufhören sollten, ihr Islamverständnis für alleingültig zu erklären und allen Muslimen aufzudrängen.

Mit Blick auf die in westlichen Medien und Wissenschaftskreisen zunehmend diskutierte Politikfähigkeit der Muslimbruderschaft sollte man sich stets darüber im Klaren sein, dass es sich nach wie vor um eine Organisation handelt, deren Innenleben undurchsichtig ist und die autoritär strukturiert ist. Ihr nominelles Bekenntnis zur Demokratie findet in ihrer politischen Praxis keinerlei Bestätigung, so dass man es durchaus als politisches Manöver bezeichnen kann. Eine Zusammenarbeit mit anderen politischen Gruppierungen aus taktischen Gründen ist außerdem keineswegs ein Zeichen für eine pluralistische Grundhaltung. Auch muss der islamistischen Unterstützung zivilgesellschaftlicher Strukturen mit einem gesunden Maß an Skepsis begegnet werden. Denn meist wird mit dem Stichwort ‚Zivilgesellschaft' lediglich ein Gemeinwesen bezeichnet, das man gemäß dem eigenen Islamverständnis möglichst umfassend gestalten will.

Anlässlich des US-Angriffs gegen den Irak 2003 tauchte im Internet eine gewaltbereite Gruppierung mit dem Namen *The Kuwaiti Hamas Movement* auf, die eine eindeutige ideologische Nähe zum Umfeld der Muslimbruderschaft aufwies und eben nicht zu *Al-Qaʿida*. Unabhängig davon, ob eine solche Gruppierung virtuelles Manöver, Manipulation oder Einzelaktion ist, sollte stets im Auge behalten werden, dass eine eindeutige Absage der Muslimbrüder an alle Formen politischer Gewalt nach wie vor fehlt. In Anbetracht der Tatsache, dass eine deutliche Mehrheit ihrer Mitglieder Anschläge und Selbstmordattentate im Irak gutheißt – ganz abgesehen von der uneingeschränkten Unterstützung des Terrors der Hamas – ist eine solche Absage in absehbarer Zukunft auch nicht zu erwarten.

Für die Zukunft der Organisation wird insbesondere in Ägypten von Bedeutung sein, welche Entscheidungen die nachwachsende Führungsgeneration aus Muslimbrüdern mittleren Alters treffen wird. Fest steht, dass diese Gruppe bestimmte Gestaltungsmöglichkeiten einfordern wird, die über Gastkolumnen zu Fragen der Religion in offiziellen Tageszeitungen oder die Organisation von Festivitäten während des Ramadans deutlich hinausgehen. Sie sind – im Gegensatz zur alten Garde – zudem nicht mehr geprägt von den Erfahrungen der Muslimbrüder mit der Repression unter Nasser, was laut einiger Beobachter zu einem leichtfertigeren Umgang mit politischer Gewalt führen könnte. Bereits im Jahre 2000 bemerkte Issam al-Iryan, ein Muslimbruder mittleren Alters, der bereits in die Führung aufgerückt ist, dass sich das Verhältnis zur Regierung in Richtung Konfrontation entwickle, auch wenn er damals – wie üblich – das „Einwirken Dritter" verantwortlich machte. Diese Generation wird letztendlich entscheiden müssen, ob sie legalen und friedlichen Formen der politischen und gesellschaftlichen Arbeit eindeutige Priorität einräumt. Ebenfalls wird sich zeigen, ob die Bruderschaft ihren in Ägypten, Jordanien und anderen Ländern zu beobachtenden Aktivitäten im zivilgesellschaftlichen Bereich auch die hierzu eigentlich nötige konzeptionelle Weiterentwicklung folgen lassen will. Gleichzeitig werden die jeweiligen Regierungen ein solches Engagement weiterhin mit großer Skepsis beobachten, die Muslimbruderschaft wird auch in Zukunft in vielen Staaten nicht als wirklicher Partner gelten.

Die Kontakte der jüngsten Vergangenheit zwischen Muslimbrüdern und westlichen Diplomaten sollten nicht überbewertet werden. Nach wie vor gilt, dass niemand in Europa oder den USA da-

ran interessiert ist, die Muslimbrüder tatsächlich in der politischen
Verantwortung zu sehen. Gleichzeitig weiß man aber um die Bedeutung dieser großen Organisation des islamistischen Spektrums,
vor allem angesichts der unübersehbaren Gefahren für die Menschheit, die von den gewaltbereiten Teilen der Islamisten ausgehen.
Diese Einschätzung sollte aber nicht dazu verleiten, insbesondere
die langfristigen Risiken einer starken gesellschaftlichen und politischen Präsenz der Muslimbrüder zu übersehen.

Mit Blick auf die Internationale Organisation sind derzeit mehrere
Szenarien denkbar. Bereits während der Amtszeit Ma'mun al-Hudaibis als Oberster Führer (2002–2004) wurde mehrfach geschrie-
ben, dass er der letzte *murshid* vor dem Zerfall der IO sei, was sich
so allerdings nicht bewahrheitet hat. Die IO hat sich nach dem
11. September nicht – wie von Hudaibi selbst einmal angedeutet –
aufgrund der neu eingetretenen Umstände praktisch erledigt. Auch
wenn insbesondere die Finanzstrukturen der IO derzeit angeschlagen sind, kann nicht von umfassenden Auflösungserscheinungen
gesprochen werden. Der neue Oberste Führer Mahdi Akif hat
sich nicht nur offen zur IO bekannt, sondern auch seine Absicht
bekräftigt, ihrem Zerfall entgegenzuwirken. Derzeit kann jedoch
noch nicht endgültig beurteilt werden, in welche Richtung sich die
Organisation letztendlich entwickeln wird. Folgende Szenarien
sind möglich: Die IO könnte zu einem lockeren Kontaktnetzwerk
werden, das nicht durch feste organisatorische Strukturen verbunden ist und in dem die ägyptische Mutterorganisation viel von ihrer
zentralen Machtstellung einbüßt. Die jeweiligen nationalen Verbände und die verschiedenen im Westen aktiven Unterorganisationen
würden ihre Aktivitäten noch stärker am jeweiligen nationalstaatlichen Rahmen ausrichten und zumeist als eine islamistische Gruppe unter vielen agieren. Eine weitere (angesichts der derzeitigen
internen Machtverhältnisse) v. a. theoretische Möglichkeit wäre,
dass sich diejenigen Muslimbrüder durchsetzen, die die IO in ein
internationales, öffentlich arbeitendes Organisationsgremium umwandeln wollen, das dann die intellektuelle Weiterentwicklung der

Muslimbruderschaft maßgeblich vorantreiben könnte. Eine weitere – nicht nur theoretische – Option ist, dass man die Strukturen, die man international aufgebaut hat, angesichts des gegenwärtigen Drucks in noch größerem Maße in den Untergrund verlegt und sie dort noch weiter auszubauen versucht. Hierfür spricht, dass immer wieder Stimmen aus der Muslimbruderschaft kommen, die die IO als das einzige Druckmittel bezeichnen, über das man im Konflikt mit den USA verfüge. Manche sprechen sogar davon, dass die Muslimbruderschaft bei einem entsprechenden Ausbau ihrer internationalen Geheimstrukturen den USA im Nahen Osten auf gleicher Augenhöhe entgegentreten könnte. So unrealistisch solche Positionen klingen und ja auch tatsächlich sind, so sehr könnten sie sich doch auf Planungen und Perspektiven der Muslimbruderschaft auswirken. Interessant scheint auch die These, dass sich internationale Kontaktnetzwerke, die sich um Einzelpersonen wie Yusuf al-Qaradawi oder Tariq Ramadan entwickelt haben, in Teilen oder sogar vollständig die Strukturen der IO ersetzen werden, wobei zu berücksichtigen ist, dass Meinungsführer wie Qaradawi und Ramadan bei aller inhaltlichen und wohl auch organisatorischen Nähe zur Muslimbruderschaft über ihre Netzwerke eine eigene Agenda verfolgen. Diese deckt sich nicht immer mit der der Muslimbruderschaft, da Personen wie Qaradawi und Ramadan letztendlich ein Zielpublikum vor Augen haben, dass deutlich über die Mitglieder der Muslimbruderschaft und ihr direktes Sympathisantenumfeld hinausgeht.

Letztendlich wird es wohl auf eine Kombination der genannten Szenarien hinauslaufen. Im Mai 2005 distanzierte sich beispielsweise die der Bruderschaft nahestehende UOIF (*Union des Organisations Islamiques de France*) in Frankreich von einer neuen Fatwa-Sammlung des Europäischen Fatwa-Rates. Eine öffentliche Unterstützung von zwei darin enthaltenen Rechtsgutachten, die Polygamie als islamrechtlich statthaft erklärten und zur Befreiung Jerusalems mit allen Mitteln aufriefen, hält man mit Blick auf das eigene Engagement im Rahmen des staatlichen Repräsentationsgremiums der französischen Muslime für wenig opportun.

Doch schließt ein solches Verhalten natürlich nicht aus, dass eine Organisation wie die UOIF weiterhin an transnationalen, wenn auch informellen Strukturen festhält. Gleichzeitig bedeutet ein Ausbau der IO als Geheimorganisation, durch die man sich strategische Vorteile gegenüber den USA erhofft, eben nicht, dass man die öffentlichen Gestaltungsmöglichkeiten der Muslimbrüder im Jemen, in Jordanien oder in Kuwait nicht weiter – auch international – nutzen würde.

Dass ein neuer Oberster Führer, der nicht mehr der alten Garde aus Ägypten angehört, einen innerislamistischen Dialog initiieren könnte, der langfristig zur Verschmelzung aller islamistischen Gruppierungen in einer Bewegung führen würde, ist als Möglichkeit auszuschließen, auch wenn diese Idee immer wieder insbesondere im arabischen Kontext und nicht ausschließlich von Sympathisanten der Muslimbruderschaft diskutiert wird. Zu heterogen ist das islamistische Spektrum, zu unterschiedlich sind die Interessen und Ziele der einzelnen Organisationen.

Die Islamische Weltliga hat zweifellos effiziente internationale Strukturen schaffen können, die vor allem auf einer Basisarbeit jenseits staatlicher Apparate aufbauen. Hierdurch konnten viele Hindernisse vermieden werden, mit denen z. B. die Organisation der Islamischen Konferenz als zwischenstaatliche Organisation zu kämpfen hatte und hat. Die unterschiedlichen Interessen ihrer Mitgliedsländer, für die ihre Zugehörigkeit zur islamischen Welt nur einen Bezugspunkt unter vielen darstellt, verhinderte häufig die praktische Umsetzung zahlreicher Erklärungen und Beschlüsse. Länder wie Algerien, Afghanistan und Malaysia verbindet letztendlich wenig, auch wenn eine Organisation wie die OIC grundsätzlich dazu beigetragen hat, dass der Faktor ‚Islam' in den internationalen Beziehungen stärker präsent ist. Die Weltliga hingegen wird – trotz ihres offiziellen Status als Nichtregierungsorganisation – direkt von Saudi-Arabien aus finanziert und gelenkt. Inwiefern sich die derzeitige Kritik an den weltweiten Aktivitäten der Wahhabiten langfristig auf die Arbeit der Weltliga auswirken wird, bleibt abzuwarten. Schon jetzt ist aber erkennbar, dass man auf organisatorischer Ebene durchaus darauf reagiert. Besonders in die Kritik geratene Unterorganisationen werden geschlossen oder, zeitweise, auf Eis gelegt, neue Organisationen und Komitees entstehen, die sich für einen Dialog der Religionen und Kulturen aussprechen. Ob dies allerdings über eine Augenwischerei hinausgeht, die der derzeitigen internationalen Lage geschuldet ist, bleibt fraglich. Vieles wird davon abhängen, ob Saudi-Arabien wirklich die weltweite Unterstützung für Extremisten aufgibt, die auch im eigenen Land zunehmend zu einem massiven Problem werden. Bis zum Sommer 2005 deutete jedoch wenig auf ein tatsächliches Umdenken hin. So äußerte das amerikanische Finanzministerium im Juli 2005, dass saudische Stiftungen und Privatspender nach wie vor terroristische Organisationen unterstützen. Zwar gehe der saudische Staat verstärkt gegen Terroristen vor, doch flössen über die weltweiten Netzwerke der Islamischen Weltliga oder der WAMY weiterhin Gelder an terroristische Organisationen. Daher bleibt zweifelhaft, ob die saudische Staatsführung wirklich in der Lage sein wird, nicht mehr nur taktisch auf das zu reagieren, was als lästiger Druck aus dem Westen verstanden wird. Eine wirkliche Änderung der zu beobachtenden Fehlentwicklungen, sei es im Bereich der islamischen NGOs, sei es im Bereich Bildung und Erziehung, sei es im Bereich Demokratisierung und Menschenrechte, könnte allerdings nur erreicht werden, wenn sich die Staatsführung zu einem tatsächlichen Perspektivwechsel durchringen könnte.

Seit einigen Jahren wachsen die Differenzen zwischen Saudi-Arabien und der Muslimbruderschaft. Die wahhabitische Monarchie ist für die Muslimbrüder schon lange nicht mehr *dawlat al-islam*, der Staat des Islams. Gleichzeitig scheut Saudi-Arabien nicht davor zurück, den Vorwurf, die Muslimbruderschaft sei maßgeblich für religiösen Extremismus in der arabischen Welt verantwortlich, in der Öffentlichkeit aufrecht zu erhalten. Beobachter weisen zu Recht darauf hin, dass die Position Saudi-Arabiens mit Blick auf solch sensible Zusammenhänge oftmals Signalwirkung für die gesamte Golfregion hat. Bereits mehrfach entschlossen sich verschiedene Staaten der Region, die eigene Politik gegenüber islamistischen Gruppierungen der saudischen Haltung anzupassen. Gleichzeitig ist es unwahrscheinlich, dass es zu einem vollständigen Bruch kommt. Vielmehr wird sich in der Praxis das bereits bisher bestehende, in erster Linie pragmatische Verhältnis fortsetzen. Von ihm profitieren schließlich beide Seiten durch gemeinsame oder sich zumindest teilweise überschneidende Strukturen. Auf der inhaltlichen Ebene werden Islamische Weltliga und Muslimbruderschaft, deren Islaminterpretation und Weltbilder sich letztendlich stark ähneln, weiterhin an der schleichenden Islamisierung nichtislamischer Staaten und Gesellschaften arbeiten, die Kluft zwischen Muslimen und Andersgläubigen vergrößern und einem Großteil der Muslime ihr Islamverständnis aufzwingen wollen. *Daʿwa*-Arbeit und politischer Aktivismus werden dabei nach wie vor Hand in Hand gehen. Gemäßigte und reformorientierte Stimmen werden auch weiterhin ohne private oder staatliche Hilfe vom Golf auskommen müssen.

Die Kombination eines Gefühls religiös-moralischer Überlegenheit mit dem Ziel der weltweiten Umsetzung der Scharia und einer bewusst ambivalenten Haltung gegenüber politischer Gewalt sowie der vielfältigen Nutzbarkeit einmal geschaffener Netzwerke wird die Muslimbruderschaft und die Islamische Weltliga auch weiterhin in den Schlagzeilen halten.

5. Literaturhinweise

Die folgenden Literaturhinweise sollen als Einstieg zur weiteren Beschäftigung mit dem Themenfeld Islamismus/islamischer Extremismus dienen.

Bundesministerium des Innern (Hrsg.): *Islamismus.* Berlin 2003.

Burgat, François: *Face to Face with Political Islam*. London 2003.

Dictionnaire mondial de l'islamisme / sous la dir. d'Antoine Sfeir et les Cahiers de l'Orient. Paris 2002.

Heine, Peter: *Terror in Allahs Namen. Extremistische Kräfte im Islam.* Freiburg 2004.

Kepel, Gilles: *Die neuen Kreuzzüge. Die arabische Welt und die Zukunft des Westens.* Übers. v. B. Galli, E. Heinemann und U. Schäfer. München 2004.

–: *Das Schwarzbuch des Dschihad. Aufstieg und Niedergang des Islamismus*. Übers. v. B. Galli, R. Pfleiderer u. T. Schmidt. München 2002.

–: *Le Prophète et Pharaon. Aux sources des mouvements islamistes*. Paris 1993.

Kramer, Martin (Hrsg.): *The Islamism Debate.* Tel Aviv 1997.

Lewis, Bernard: *Die Wut der arabischen Welt. Warum der jahrhundertelange Konflikt zwischen dem Islam und dem Westen eskaliert.* Frankfurt (u. a.) 2003.

Mitchell, Richard P.: *The Society of the Muslim Brothers*. London 1969.

Mubārak, Hišām: *Al-Irhābīyūn qādimūn! Dirāsa muqārana bayna mawqif „al-iḫwān al-muslimīn" wa-ǧamāʿāt al-ǧihād min qaḍiyat al-ʿunf (1928–1994)* [Die Terroristen kommen! Eine vergleichende Studie zur Position der Muslimbrüder und der Dschihad-Gruppen hinsichtlich der Gewaltfrage (1928–1994)]. Kairo 1995.

al-Mūṣallī, Aḥmad: *Mawsūʿat al-ḥarakāt al-islamīya fī l-Waṭan al-ʿArabī wa-Īrān wa-Turkiyā* [Enzyklopädie der islamischen Bewegungen im arabischen Vaterland, im Iran und in der Türkei]. Beirut 2004.

Roy, Olivier: *L'Islam mondialisé*. Paris 2002.

–: *L'échec de l'Islam politique*. Paris 1992.

Rubin, Barry (Hrsg.): *Revolutionaries and Reformers. Contemporary Islamist Movements in the Middle East*. Albany 2003.

al-Sayyid, Riḍwān: *Al-Ṣirāʿ ʿalā l-islām. Al-Uṣūlīya wa-l-iṣlāḥ wa-l-siyāsāt al-duwalīya* [Der Kampf um den Islam. Der Fundamentalismus, die Reform und die internationale Politik]. Beirut 2004.

Schulze, Reinhard: *Islamischer Internationalismus im 20. Jahrhundert. Untersuchungen zur Geschichte der Islamischen Weltliga*. Leiden 1990.

Sfeir, Antoine: *Les réseaux d'Allah. Les filières islamistes en France et en Europe*. Paris 2002.

Wiktorowicz, Quintan: *Islamic Activism. A Social Movement Theory Approach*. Bloomington 2004.

Folgende Bücher enthalten eine Darstellung der Entwicklung des islamistischen Spektrums bzw. der Muslimbruderschaft aus der Perspektive aktiver Islamisten oder ihres Sympathisantenumfelds:

Ḥabīb, Kamāl al-Saʿīd: *Al-Ḥaraka al-islāmīya min al-muwāǧaha ilā l-murāǧaʿa* [Die islamische Bewegung: Von der Konfrontation zur (Selbst-)überprüfung]. Kairo 2002.

Maḥmūd, Dāwud: *Al-Munaẓẓamāt al-duwalīya al-islāmīya. Dirāsa taqwīmīya ʿalā ḍawʾ manhaǧ al-ilsām fī waḥdat al-ʿālam al-islāmī* [Die internationalen islamischen Organisationen. Eine Bestandsaufnahme im Lichte des islamischen Programms zur Einheit der islamischen Welt]. Mekka 2003.

al-Qaraḍāwī, Yūsuf: *Al-Iḫwān al-muslimūn. 70 ʿāman fī l-daʿwa wa-l-tarbiya wa-l-ǧihād* [Die Muslimbrüder. 70 Jahre *Daʿwa*, Erziehung und Dschihad]. Kairo 1999.

Sayyid Aḥmad, Rifʿat: *Qurʾān .. wa-sayf* [Koran .. und Schwert]. Kairo 2002.

6. Glossar

'Alamiyat al-Islam Ziel der hiermit verbundenen Konzeption ist es, durch eine weltweite (arab. 'alami) Ausbreitung des Islams, die gesamte Menschheit jenseits ethnischer oder sprachlicher Unterschiede Gottes Gesetz nach islamischem Verständnis zu unterwerfen.

Da'wa Inner- und außerhalb der islamischen Welt soll die „wahre Lehre" des Islams verbreitet werden, wobei es oftmals zur Konkurrenz zwischen Organisationen und Staaten kommt, die eben diese Lehre unterschiedlich auslegen. Islamisten verbinden mit da'wa zudem alle Aktivitäten, die dazu dienen, dass der Islam die Führung der Menschheit übernimmt.

Hakimiya Gemeint ist die absolute Herrschaft Gottes über die gesamte Schöpfung, wobei nur die nach islamistischer Auffassung von Gott gegebene rechtliche Ordnung (Scharia) Grundlage eines Gemeinwesens sein darf.

Jahiliya Eigentlich wird hiermit die vorislamische Zeit und das mit ihr verbundene Heidentum bezeichnet, das sich aus islamischer Sicht im Zustand der Unwissenheit (arab. jahl) befand. In der Ideologie verschiedener islamistischer Vordenker wird jahiliya allerdings mit Blick auf die aus ihrer Sicht mit der vorislamischen Zeit vergleichbaren Lage der nichtmuslimischen, aber auch der muslimischen Gesellschaften der Gegenwart verwendet, wobei es sich um einen Zustand handelt, der vollständig beseitigt werden muss.

Salafiya Der Begriff geht auf den Ausdruck as-salaf as-salih (wörtl. die frommen Altvorderen) zurück, nach deren Vorbild das Leben der Gegenwart gestaltet werden soll. Die *salafiya* ist nicht als eine strukturierte religiöse Bewegung zu sehen, vielmehr handelt es sich um eine Strömung, die nur ein wörtliches Verständnis des Korans zulässt und den Islam von allen „fremden" Einflüssen und „Neuerungen" reinigen will.

Takfir
Je nach Situation und Gruppierung werden einzelne muslimische Personen, Organisationen, Regierungen oder ganze Gesellschaften „exkommuniziert" und zu Ungläubigen (arab. *kuffar*) erklärt.

Wahhabiya
Die nach ihrem Begründer Muhammad b. Abdalwahhab (1703–1792) benannte und in Zentralarabien entstandene Bewegung steht für eine rigorose Rückkehr zu den vorgeblichen Wurzeln des Islams. *Tawhid* (das Bekenntnis der Einheit Gottes) wird als das zentrale Prinzip verstanden, an dem alle Ideen und Handlungen gemessen werden müssen. Saudi-Arabien dient die *wahhabiya* als eine Art Staatsideologie.

Waqf (Pl. Awqaf)
Mittel aus Privatvermögen werden einer religiösen Stiftung (arab. *waqf*) zur Verfügung gestellt, durch die meist religiöse und gemeinnützige Einrichtungen finanziert werden.

Wasatiya
Im Arabischen bezeichnet *wasat* die Mitte. *Wasatiya* kann mit Mittelweg, aber auch mit Mäßigung wiedergegeben werden. Der Begriff hat derzeit in verschiedenen islamischen Diskursen Konjunktur, auch Islamisten verwenden ihn. In einigen Fällen scheint *wasatiya* allerdings Konzepte zu bezeichnen, die die Zentralstellung des Islams (arab. *mar-*

kaziyat al-islam) oder des eigenen Islamverständnisses meinen.

Zakat Oftmals als Almosensteuer bezeichnet, ist
mit *zakat* die religiöse Verpflichtung gemeint,
einen bestimmten Teil der eigenen Einkünfte für religionsrechtlich festgelegte Zwecke
bereitzustellen. Hierzu zählt nicht nur die
Hilfe für Bedürftige, sondern auch die Unterstützung von *Da'wa*-Aktivitäten oder nach
Interpretation mancher Islamisten auch des
Dschihads.

7. Abkürzungsverzeichnis

CFCM: Conseil Français du Culte Musulman
DMI: Dar al-Mal al-Islami (wörtl. „Haus des islami-
                  schen Geldes", wichtige islamische Privatbank)
FEMYSO: Forum of European Muslim Youth and Student
                  Organizations
FIOE: Föderation der islamischen Organisationen in
                  Europa
IDB: Islamic Development Bank
IGD: Islamische Gemeinschaft in Deutschland e. V.
IIFSO: International Islamic Federation of Student
                  Organizations
IIIT: International Institute of Islamic Thought
IIRO: International Islamic Relief Organization
IO: Die Internationale Organisation der Muslim
                  bruderschaft
IZA: Islamisches Zentrum Aachen (Bilal-Moschee)
                  e. V.
OIC: Organization of the Islamic Conference
ORF: Omega Relief Foundation
UOIF: Union des Organisations Islamiques de France
WAMY: World Assembly of Muslim Youth